UNIDADE NA DIVERSIDADE

O CAMINHO ADIANTE PARA A HUMANIDADE

BENJAMIN CREME

Tradução: Thiago Staibano Alves

Fundação Share International
Amsterdã• Londres

Unity in Diversity: The Way Ahead for Humanity
Direitos Autorais © 2017 Benjamin Creme, Londres
Publicado pela Fundação Share International
Todos os direitos reservados
Primeira impressão em inglês em 2012

Feito nos Estados Unidos em papel reciclado.

ISBN: 978-94-91732-10-2

Primeira Edição em Português, 2017

*A pintura de Benjamin Creme reproduzida na capa é
intitulada **Mandala- Unidade na Diversidade** (c.1969).*

Este livro é dedicado ao meu reverenciado Mestre,
sem Cuja visão e sabedoria
ele nunca poderia ter sido escrito.

TABELA DE CONTEÚDOS

PREFÁCIO

Neste tempo vindouro, conforme nos movemos mais profundamente na experiência Aquariana, nós descobriremos que a ideia da unidade e sua relação com a diversidade terá cada vez mais sentido e consistência com o nosso crescente entendimento da evolução da consciência, que é o propósito central de nossa experiência humana. Unidade, para os Mestres, é a realidade interna de nossas vidas, refletindo a unidade de cada átomo em relação com cada outro átomo no cosmos. Todos nós procuramos unidade, sabendo ou não: ela é a realização destinada de nossos desejos e criações. Nossa aspiração por melhorar nos leva em direção à unidade. Diversidade também, nós entenderemos, é a realidade de nosso ser, refletindo a individualidade única de cada pessoa. Nós precisamos perceber que a humanidade é Una, e agir de acordo.

Neste livro, eu tento mostrar alguns dos acontecimentos mais profundos e de longo alcance que delineiam o caminho em direção a unidade; também, o papel que nações em particular, em toda a sua diversidade, estão tendo em levar adiante o Plano de evolução, como entendido e iniciado pela Hierarquia Espiritual de Mestres, neste ciclo mundial. O livro é composto de dez artigos por um dos Mestres da Sabedoria, intercalados por palestras minhas, e perguntas e respostas relacionadas. Os tópicos vão desde política internacional, até relacionamentos grupais, todos com o tema esotérico subjacente da unidade na diversidade, junto com comentários sobre assuntos atuais relacionados na primeira década do século 21.

A diversidade da humanidade é, em grande parte, o resultado das diferenças na estrutura de raios individual e nacional. Os Raios são correntes de energia, sete em número, que cada pessoa e nação exibem, como parte de sua composição energética. As diferentes qualidades de raio são expressadas no nível da alma e da personalidade, tanto no caso de indivíduos, como no caso de nações. Algumas nações mais velhas exibem um pouco de sua qualidade da alma, mas a maioria, acima de tudo as nações mais novas, exibem principalmente seu raio de personalidade. O mesmo é verdade em relação ao indivíduo. Isso sendo assim, a qualidade e identidade de uma nação são criadas, principalmente, pelos indivíduos mais avançados em cada país.

Um grande experimento triplo está sendo realizado na construção de identidades nacionais: diferentes formas de se criar unidade da diversidade. No Reino Unido, representantes de todos os povos da Comunidade Britânica de nações vivem juntos, de forma mais ou menos pacífica, enquanto mantêm fortes suas identidades separadas. Os EUA são na verdade uma junção de representantes de muitos países Europeus transplantados através do oceano, unindo-se, até que algo totalmente novo emerge- um Americano. Os agora independentes estados da antiga URSS, mantêm sua independência, enquanto permanecendo parte de uma vasta "federação", indo da Europa até Vladivostok.

Logo se perceberá que as três grandes ideologias—democracia, comunismo e fascismo—que hoje dividiram a humanidade, são na verdade, nossas tentativas de expressar, mesmo que de forma inadequada e com muita distorção, nossa vaga consciência dos três aspectos da intenção divina que conhecemos neste momento. Isso mostra a necessidade por maior tolerância pelas diferentes estruturas políticas. Da mesma forma, grupos de trabalho precisam encontrar formas de integrar os diferentes indivíduos que compõem estes grupos, e trabalharem em direção ao consenso e da unidade. Unidade é o único caminho adiante para toda a humanidade.

Informação de fundo

Essas palestras e perguntas e respostas foram encaminhadas inicialmente para grupos familiares com minha informação e publicações anteriores. Portanto, eu falo livremente sobre o Senhor Maitreya e os Mestres da Sabedoria , sem a necessidade de explicar Quem Eles são, Seus trabalhos e relação com a humanidade. Para leitores novos, no entanto, algumas explicações são essenciais, e eu ofereço o seguinte breve relato sobre Seus trabalhos e planos.

Os Mestres da Sabedoria são um grupo de homens perfeitos, Que nos precederam na evolução e que de fato alcançaram um ponto no qual Eles não precisam de mais encarnações em nosso planeta. Mesmo assim, Eles permanecem na Terra para supervisionarem a evolução do resto de nós. Eles são os Guardiões do processo evolucionário, os Guias, os Mentores, os Protetores da raça, e trabalham para cumprirem com o Plano de evolução de nosso Logos Planetário através da humanidade e os reinos inferiores. Por muitos milhares de anos, Eles (e Seus predecessores) viveram, em sua maior parte, nas remotas áreas montanhosas e desérticas do mundo- o Himalaia, Andes, Rochosas, as Cascatas, Cárpatos, Atlas, Ural, e Gobi e outros desertos. Dessas montanhas e retiros desérticos, Eles têm supervisionado a estimulado a evolução humana por detrás das cenas.

Por mais de 500 anos, Eles Se prepararam para um retorno grupal no mundo cotidiano que, eu afirmo, está agora em progresso. Em Julho de 1977, Seu líder e cabeça, o Senhor Maitreya, Que encarna o Princípio Crístico (a energia do Amor) e está no cargo de Instrutor do Mundo, desceu de Seu retiro no Himalaia e entrou em

3

Londres, Inglaterra, Seu "ponto de foco" no mundo moderno. Maitreya vive na comunidade Asiática de Londres como um homem "comum", esperando pelo momento apropriado para vir abertamente diante do mundo. Ele é esperado por grupos religiosos sobre diferentes nomes: o Cristo; o Imam Mahdi; Messsias; Krishna; Buda Maitreya. Ele não vem como um líder religioso, mas como um educador no sentido mais amplo da palavra.

A presença de Maitreya galvanizará a humanidade a fazer as mudanças necessárias em nossa vida política, econômica e social, que garantirão paz, justiça e liberdade para toda a humanidade. Sua maior preocupação é a disparidade em padrões de vida entre o mundo desenvolvido e o em desenvolvimento, que Ele diz, ameaça o futuro da raça. Terrorismo é um dos principais sintomas desta divisão. Maitreya vê o princípio da partilha como a chave para a solução de nossos vários problemas, e o meio para levar a humanidade a corretas relações. Maitreya disse: "Tome a necessidade de seu irmão como a medida para a sua ação, e resolva os problemas do mundo. Não há outro caminho." Desde Janeiro de 2010, Maitreya tem aparecido na televisão (ainda incógnito) nos EUA, México e Brasil, e continuará a dar entrevistas no Japão, Europa e muitos países ao redor do mundo.

Em Janeiro de 1959, eu fui contatado por um dos Mestres no Himalaia, e logo depois, pelo próprio Maitreya. Foi me oferecida a tarefa de preparar o caminho para a Sua emergência, criando o clima de esperança e expectativa, uma tarefa na qual eu estive engajado agora por 38 anos. Ao ser treinado pelo meu Mestre para me preparar para fazer este trabalho, nós estabelecemos uma ligação telepática de momento-a-momento, de duas vias. Isto permite a Ele se comunicar comigo, com o mínimo de Sua atenção e energia. Ele forjou um instrumento através do qual Ele pode

4

trabalhar, e que seria sensível ao mínimo de Sua impressão (é lógico, com minha completa co-operação e sem o menor infringimento do meu livre arbítrio). Os artigos do Mestre contidos neste livro foram ditados por Ele originalmente para a revista Share International. Mais informações sobre Maitreya e os Mestres podem ser encontradas em meus livros, assim como na revista Share International e no site da Share International, detalhes que são dados no final deste livro.

Eu gostaria de reconhecer minha gratidão aos grupos de pessoas em Londres e nos EUA cujo trabalho tornou possível a publicação deste livro. Meu agradecimento em particular vai para Michiko Ishikawa, de Berkeley, Califórnia, que mais uma vez organizou e levou a uma forma legível os diversos materiais do conteúdo do livro.

Nota do Editor: A palestra de Benjamin Creme sobre diversidade e as perguntas e respostas relacionadas neste livro, foram dadas a grupos nos EUA associados ao autor. Assim, muitas das perguntas são de uma perspectiva Americana e de um particular período controverso da história deste país.

O resto das perguntas e respostas foram originalmente publicadas na revista Share International entre 2006 e 2011, e, com algumas poucas exceções, não foram publicadas em livros anteriores. A data da publicação original é dada no final de cada pergunta.

UNIDADE NA DIVERSIDADE

PRIORIDADES DE MAITREYA

pelo Mestre —, através de Benjamin Creme

Enquanto o mundo aguarda, com expectativa, por Maitreya, e pela salvação, ainda há muito a se fazer para se assegurar o planeta e a humanidade. Mesmo assim, há pouco tempo para se esperar que Maitreya comece o Seu serviço aberto. Curto, de fato, é o tempo que resta para preparar Seu caminho, para dizer aos homens que ajuda e esperança estão a caminho, que o Instrutor está aqui, ansioso em falar diretamente para as pessoas de todas as nações. Acelere, então, seus esforços. Aprese-se em informar a todos que ouvirão que a hora destinada chegou, que logo, a humanidade irá regozijar-se na presença do Instrutor. Diga a eles isso e mantenha suas esperanças e coragem. Muitos que não ouviram antes, agora ouvirão; ansiedade e medo dominaram os homens. Os sinais, também, fizeram o seu trabalho e despertaram milhões para os acontecimentos e revelações esperados. Nunca antes, na história do homem, tantos sentiram as vindouras mudanças, nem entenderam suas necessidades.

Portanto, em um mundo com expectativas e preparado, Maitreya emergirá, certo em conhecimento de que Sua presença é esperada e ansiosamente antecipada.

Maitreya delineará aos homens as prioridades que assegurarão e protegerão o planeta Terra e todas as suas pessoas. A necessidade por paz é suprema, pois sem paz, tudo mais está perdido. Paz, Ele afirmará, pode apenas ser assegurada através da criação de Justiça. A falta de Justiça é o pai tanto da guerra como do terrorismo. Justiça, Maitreya dirá, pode apenas ser alcançada através da Partilha. Partilha, portanto, é a chave para a paz e segurança mundiais.

Maitreya levará as mentes dos homens de forma mais urgente para os problemas do planeta Terra. Sem um saudável e robusto planeta, o futuro das próximas gerações está em perigo. Maitreya reforçará a urgência de ação agora, para restaurar o equilíbrio à nossa casa planetária em sofrimento, e chamará por todas as mãos, jovens e velhas, para esta tarefa primária.

O destino daqueles que passam fome agora em um mundo de plenitude será a principal preocupação de Maitreya: "Nada me deixa mais triste do que esta vergonha", Ele diz, e procura galvanizar a criação de um vasto programa de ajuda para as pessoas mais pobres do mundo, em uma escala jamais antes conhecida.

Estas são as prioridades imediatas, fazer um rápido e seguro futuro para o homem. O livre arbítrio do homem é sacrossanto e não pode ser infringido; a velocidade da implementação destas necessidades primárias está sujeita, portanto, à vontade dos homens.

Os homens agora encaram a escolha: ver o mundo como Um e partilharem, e conhecerem a segurança e uma Paz e felicidade abençoadas, ou testemunharem o fim da vida na Terra.

Maitreya está emergindo agora para assegurar que a escolha dos homens seja feita de forma sábia. Não tenham medo, Maitreya já sabe a resposta dos homens, é ela é boa.

(Share International, Outubro de 2006)

UNIDADE NA DIVERSIDADE

pelo Mestre —, através de Benjamin Creme

Pelos séculos, os homens adotaram muitas formas diferentes de governo, indo desde os mais despóticos até os mais igualitários. Hoje, a maioria dos países optaram por uma forma democrática, isso quer dizer, uma eleita por voto popular para um ou outro partido político. Assume-se que o sistema de votação usado é justo, honesto, livre de corrupção ou fraude.

Infelizmente, como a história recente mostra, este frequentemente não é o caso, mesmo naqueles países que colocam grande ênfase na honestidade de seu processo eleitoral. Enganação e duplicidade abundam, e homens e facções são levados ao poder por desonestidade e malícia.

Mais autoritários são aqueles estados de partido único, nos quais as decisões são feitas por um comitê de "homens fortes", apoiados pelo exército e pela polícia. As pessoas têm pouco o que dizer nas leis que as governam, e frequentemente, não sentem a necessidade de reivindicarem tais direitos.

Alguns países estão sobre o comando de déspotas cruéis, famintos por poder e a riqueza que vem com ele. Alguns são governados por fanáticos iludidos, certos de que eles e seus seguidores estão nas mãos de Deus e estão levando adiante Seus planos. Outros estão lutando para tirar o seu povo da pobreza e dor, e lutar contra as exigências de seus ricos vizinhos.

Ainda outros estão lutando por sua independência ou estão submersos no caos e na guerra civil.

Os homens devem tomar de coração a lição desta evidência: muitas são as formas de se organizar as necessidades dos diferentes povos. Maior tolerância, portanto, é necessária ao se abordar esta questão vital.

As energias dos raios governando as nações são diferentes e necessitam de diferentes estruturas para expressar tais qualidades. Não é o Plano Evolucionário que uma forma de governo, democrática ou não, deva prevalecer. As necessidades dos homens são mais reais e mais importantes que ideologias. Tolerância em relação ao diferente, une, enquanto que ideologias, dividem.

Quando Maitreya falar abertamente, portanto, Ele mostrará que unidade na diversidade é a chave para a futura harmonia. Que todas as nações têm um destino, único e sagrado. Ele apontará o caminho para se alcançar este estado abençoado e encorajará os homens a abrirem seus corações para um entendimento mais sábio do Plano. Sobre a orientação de Maitreya, os homens apreciarão o valor da riqueza das realizações deles mesmos e dos outros. A necessidade de competir e dominar gradualmente diminuirão, e um novo capítulo se abrirá para o homem em fraternidade e paz. Assim será.

(Share International, Maio de 2006)

COMENTÁRIO SOBRE "UNIDADE NA DIVERSIDADE"

O seguinte artigo é uma versão editada de uma palestra dada por Benjamin Creme na Conferência sobre Meditação de Transmissão realizada próximo de São Francisco, EUA, em Agosto de 2006. Publicada na Share International, Janeiro/Fevereiro de 2007.

Antes de eu falar sobre minhas visões sobre o artigo do Mestre, "Unidade na Diversidade" [reimpresso nas páginas anteriores], e tentar expandi-lo, eu gostaria de refrescar as suas mentes em relação às eternas necessidades da humanidade, listadas sobre o título de "Prioridades de Maitreya".* Eu farei isso porque, se elas estiverem corretas, e eu acredito que estejam, estas prioridades, quando colocadas diante de nossos olhos e constantemente chamando a nossa atenção, serão mais rapidamente cumpridas. Seja lá em relação ao que nossa atenção for retirada, este algo não será cumprido, e isto está ocorrendo hoje.

De ano em ano há uma crise—um terremoto, uma tsunami ou uma terrível fome em algumas partes da África ou em outros lugares. Imediatamente, os corações da humanidade são despertados por esta crise, e as pessoas fazem todo o esforço possível para conseguirem dinheiro para satisfazerem as necessidades críticas do momento. Enquanto se dá atenção para esta crise, a necessidade é satisfeita. Enormes quantidades de dinheiro são doadas e direcionadas a se resolver as necessidades do pobre país. Depois de um mês ou dois, a mídia para de pedir dinheiro. As necessidades parecem que foram satisfeitas, tenha sido a ajuda corretamente distribuída ou não. A forma de pensamento da necessidade, da repentina urgência desesperada,

10

desaparece de nosso pensamento, e nós voltamos para os nossos próprios assuntos. Quantos concertos para se levantar fundos nós já tivemos? Quantas vezes as pessoas já conseguiram dinheiro para caridade, sobre a bandeira "Salve os milhões passando fome"? É um acontecimento único, que ocorre em alguns anos, enquanto que os que passam fome no mundo precisam de verdadeira justiça econômica. Maitreya, você pode ter certeza, falará constantemente com a humanidade sobre a necessidade de se terminar com a catástrofe que ocorre a cada dia: 35.000 pessoas morrem de fome em um mundo de plenitude. Dia após dia, semana após semana, mês após mês, ano após ano, esta catástrofe continua ocorrendo. É o momento de se encarar esta situação trágica para milhões de pessoas e de se terminar com ela para sempre.

Eu acredito que nós precisaremos de Maitreya para que isso seja feito—não o Próprio Maitreya, mas a presença de Maitreya, os ensinamentos de Maitreya, a percepção de urgência da situação trazida por Maitreya, a vergonha, como Ele a chama. "Nada Me leva mais a tristeza do que esta vergonha", Ele diz. "O crime da separação deve ser eliminado deste mundo. Eu afirmo este como sendo o Meu propósito". Este é o primeiro propósito, o salvamento dos milhões que passam fome no mundo. É útil para grupos deste tipo se concentrarem e manterem diante de si as prioridades de Maitreya, não apenas em uma palestra, mas sempre estarem conscientes das principais necessidades da humanidade como um todo.

Eu lembrarei vocês uma vez mais das prioridades de Maitreya como vistas pelo meu Mestre, dadas no artigo "O Filho do Homem" (Share International, Junho de 1984)

"Vamos dar uma olhada em Suas prioridades: o estabelecimento da paz; a inauguração do sistema de

11

partilha; a remoção da culpa e do medo; a limpeza dos corações e mentes dos homens; a educação da humanidade nas Leis da Vida e do Amor; uma introdução aos Mistérios (os mistérios da iniciação); o embelezamento das cidades; a remoção das barreiras para se viajar e para a troca de pessoas; e a criação de um conjunto de conhecimento acessível a todos".

Este último, "o conjunto de conhecimento acessível a todos", você pode ver como a internet, quando ela for livremente disponível para todos, o que ela não é agora. Quando ela for livremente disponível para todos, cada país, sem exceção, cada pessoa, nada do que a humanidade precisar, será retido. Será como todas as pessoas do mundo tendo todos os livros da biblioteca de Alexandria.

Com isso em mente, vamos analisar novamente as palavras do Mestre em Seu artigo "Unidade na Diversidade".

"Pelos séculos, os homens adotaram muitas formas diferentes de governos, indo do mais despótico ao mais igualitário".

O mais despótico, nós esperaríamos, estão no passado, e eu acredito que isto seja amplamente verdade; os grandes déspotas, os Genghis Kahns, entre outros, estão felizmente no passado, mas ainda existem muitos déspotas, alguns muito recentes. Poderia se pensar em pessoas como Hitler, Mussolini e companhia. Pode-se pensar nas várias ditaduras miliares de direita que este país, os Estados Unidos, impôs em países Sul Americanos como o Chile.

O Chile teve um governo livre eleito democraticamente sobre Salvador Allende, que ocorreu de ser de esquerda. Isto foi inaceitável para o governo dos Estados Unidos, então eles se livraram dele. A CIA criou um golpe, que depôs Allende e seu governo, instalou um ditador do tipo fascista, um amigo próximo da Sra. Tatcher, o General Pinochet, bem conhecido pelo seu governo despótico. Quando ele era chamado diante dos tribunais para ser julgado pelos seus atos, ele sempre tinha um problema de coração, não conseguia andar, estava muito doente até mesmo para ir ao tribunal e encarar os seus acusadores.

"Hoje, a maioria dos países optaram por uma forma democrática, isto quer dizer, uma eleita pelo voto popular para um ou outro partido político. Assume-se que o sistema eleitoral utilizado é justo, livre de corrupção e fraude."

Se isso fosse verdade. Uma das tragédias para os Estados Unidos e para o mundo foi a forma extraordinária na qual a presente administração [do Presidente George. W.Bush] foi colocada no poder pela mais fraudulenta, corrupta malversação em toda a história das malversações, indo até a Inglaterra dos séculos 18 e 19.

Aquele era um período no qual aqueles que desejavam ser membros do Parlamento compravam votos aos galões—galões de cerveja. Eles iam às cidades pequenas e davam quartilhos a todos, até quanto eles conseguissem beber, uma amigável refeição junto com ela, e moedas de ouro. Estas moedas de ouro colocavam dezenas de homens no Parlamento pela simples razão deles serem homens de negócio, e serem membros do Parlamento seria algo bom para seus negócios. Isto deu a eles poder e influência, que de outra forma, eles não teriam. Malversação era o próprio nome do jogo.

Hoje em dia, as eleições na Grã-Bretanha são bem mais honestas. Elas não são 100 por cento limpas, mas são mais honestas. Normalmente, durante uma eleição ou depois, surge a informação de que, não o partido como um todo, mas o partido local em alguma cidade, fez um esquema no qual eles conseguiram uma quantidade maior de votos; isso acontece. Na Grã-Bretanha, a "mãe dos parlamentos", pequenas fraudes eleitorais ainda ocorrem, mas nós nunca vimos, em nenhum lugar do mundo moderno, o tipo de corrupção que foi praticado na eleição Americana do segundo mandato do Presidente Bush. Nós todos estamos bem conscientes da corrupção na eleição anterior que levou ele ao poder. Al Gore venceu a primeira eleição e isto foi negado. Kerry venceu a segunda eleição decisivamente, e isto foi negado.

Eu entendo que um dos truques utilizados (um dos vários) foi que, naquelas áreas do país onde a votação eletrônica foi utilizada, um dos principais fornecedores das máquinas de votação era um dos principais financiadores do Partido Republicano. Ele modificou as máquinas, de forma que cada cinco votos para Kerry eram automaticamente convertidos em um voto para Bush. Eu conheço uma mulher em Masschusetts que usou uma máquina para votar. Ela votou em Kerry; a máquina tinha um mecanismo pelo qual você podia checar para quem seu voto realmente tinha ido. Ela checou e checou, e ele tinha ido para Bush. Ela checou novamente, e ele tinha ido para Bush novamente. A máquina deu 18 vezes o voto para Bush, antes dela mostrar que o voto tinha ido para Kerry. Vocês não conseguem imaginar a escala da fraude na última eleição nos EUA. Para o mundo, ela foi uma absoluta tragédia.

Eu não posso provar, é lógico, mas eu estou convencido de que se Al Gore tivesse vencido a primeira eleição (que ele venceu), o 11 de Setembro não teria ocorrido. Eu tenho certeza que ele foi planejado antes disso. O planejamento teria continuado, mas eu acho que as ações de Al Gore teriam sido tão diferentes daquelas da presente administração, que não haveria o mesmo senso de urgência e a mesma vontade de levar adiante o 11 de Setembro.

Se o 11 de Setembro não tivesse ocorrido, o mundo seria um local inteiramente diferente. O 11 de Setembro deu à administração Americana a

14

oportunidade de invadir o Afeganistão. O Talibã é um regime fundamentalista Islâmico bem rígido e severo, bem difícil de se conviver, mas eles não eram, como um todo, terroristas. Agora, tendo sido derrotados na guerra no Afeganistão, eles se reagruparam e voltaram, aprendendo todas as formas de terrorismo. Eles são agora terroristas, e entram no Iraque, que está bem aberto para qualquer um que queira criar desordem. Uma nação inteira de terroristas foi criada no Afeganistão, de forma totalmente desnecessária. O ataque no Iraque foi uma terrível tragédia para o mundo. Eles estão agora a beira da guerra civil. Na verdade, há uma pequena guerra civil ocorrendo neste momento. Ela não está espalhada por todo o país, mas é, mesmo assim, uma guerra civil. Eu acho que não existe um tipo de guerra pior do que a guerra civil.

Durante a guerra civil Espanhola, um lado da rua apoiava Franco e o outro lado da rua apoiava o governo Republicano. Eles lutavam e se matavam, assim como se fez mais recentemente no Kosovo, na Bósnia e nos Balcãs, sobre os auspícios de Slobodan Milosevic, o então Presidente da Sérvia.

O mundo chegou a um ponto não apenas de não retorno, mas de total crise, total conflito entre o bem e o mal, entre aquilo que produz harmonia e aquilo que produz o oposto. Isso é o resultado da energia da Espada da Clivagem. Na Bíblia Cristã, nós lemos que Jesus disse, "O pai ficará dividido contra o filho, e o filho contra o pai", algo muito destrutivo. A Espada da Clivagem é, ironicamente como possa parecer, a energia do Amor. É isso o que esteve ocorrendo e está ocorrendo hoje, e será focado até um certo ponto por Maitreya.

É a energia do Amor, fluindo agora por todos os planos. Ela satura o mundo, e seus efeitos na humanidade são o de fazer você ser mais aquilo o que você é. Se você é uma pessoa de boa vontade, isto será estimulado e potencializado. Se você é destrutivo, ou de má vontade, você se tornará mais assim. Todos, tanto o bom como o mal, são estimulados.

Desta forma, a humanidade verá claramente o que ela precisa fazer. Se isto não ocorresse, nós podíamos achar que poderíamos continuar como estamos. Seria difícil, mas poderíamos achar que, eventualmente, talvez, as coisas se acalmariam e ficariam boas novamente—algo que nunca ocorreu no passado. A Espada da Clivagem aumenta as diferenças e torna clara as opções diante da humanidade. Cada vez mais pessoas, com a visão mais aguçada que a Espada dá, veem que não há alternativa a não ser a paz. Se nós não tivermos paz, nós teremos a completa destruição de toda a vida no planeta.

Paz, então, não é mais opcional para a humanidade: ela é essencial. Esta compreensão é o resultado da ação da energia do Amor de Maitreya. É a Espada da Clivagem delineando claramente o caminho adiante para a humanidade: através da fraternidade, justiça, partilha e paz; através da liberdade, corretas relações e tudo que sai delas. É isso, ou continuar no caminho do presente e destruir toda a vida.

A Espada da Clivagem de Maitreya traz esta confrontação entre o preto e o branco diante da humanidade, de forma que nós a vejamos claramente, de forma aguçada, sem fronteiras mal definidas. Nós tomamos um lado ou outro. Nós tomamos o caminho das corretas relações humanas, construção e harmonia, de um lado, ou o caminho das erradas relações humanas, e eventualmente, da total destruição para todos, do outro.

É muito importante que antes de outra eleição, todos neste país [EUA], devam insistir em um sistema de votação completamente diferente. Vocês não devem aceitar o sistema de votação das duas últimas eleições. Elas, eu tenho certeza, foram mais fraudulentas do que aquelas em qualquer "república de banana". Elas foram ultrajantes, para vocês e para o mundo, e algo que vocês não devem, nunca mais, permitir que seu governo faça novamente. É necessário que haja um sistema de votação com a confirmação da sua assinatura. Isto deve ocorrer para cada voto individual. Nenhum maquinário deve conseguir corromper o voto escrito; nenhum dos truques que foram utilizados massivamente na última eleição. Todos sabem que a maioria dos jovens queriam mudança e votaram em Kerry. Então, em muitos lugares, eles foram agrupados em salas especiais e não tiveram a permissão de irem as filas daqueles que estavam esperando para votar. Eles ficaram lá por horas. Se você mantém jovens de 18, 19 ou 20 anos, por horas esperando para votar, eles não ficam. Eles desistiram em massa. Tais práticas foram abundantes. É tão simples: você apenas afasta os jovens. Alguém não receberá esses votos, talvez milhares de votos, que poderiam ser cruciais se candidatos estivessem com uma quantidade de votos próxima um do outro. É uma artimanha efetiva, muito simples.

"Infelizmente, como a história recente mostra, este não é o caso, mesmo naqueles países que colocam grande ênfase na honestidade se seu processo eleitoral".

Nenhum país é mais vigilante sobre a honestidade das eleições de outros países do que os Estados Unidos. A eleição deve ser não apenas justa, mas "democrática". Ela deve ser "democrática", de outra forma, ela é vista como injusta, automaticamente ilegal.

O Hamas foi eleito por um sistema legal perfeitamente justo de votos representativos e se tornou o governo livre eleito dos Palestinos. A administração dos Estados Unidos se recusou a reconhecer ou lidar com o Hamas. Israel (um lacaio dos EUA), se recusa a lidar com os representantes do Hamas, porque ele diz que eles não são democráticos. O quão mais democrático poderia se ser do que ter a vasta maioria das pessoas do país tendo votado neles? Foi uma vitória arrasadora, quase 90 por cento. O que você pode fazer contra tal duplicidade e dupla moral nos assuntos do estado?

Diversidade de formas democráticas

Existem muitas formas, muitos tipos de democracia. A administração dos EUA acha que a única eleição legal é aquela entre dois partidos políticos. Este é o caso na Europa, Japão e em outros lugares, mas existem muitas ideias diferentes de democracia, graus e tipos de democracia.

A China reivindicaria ser um país democrático, muito diferente da forma de democracia na Grã-Bretanha, EUA, França, Alemanha e nos países Escandinavos. Se você perguntasse à um Chinês razoavelmente educado, principalmente na costa oriental, se o seu governo é democrático, ele provavelmente responderia: "Sim, ele é. É uma forma de democracia. Eu sou livre para fazer o que eu quiser. Eu posso trabalhar nisso ou naquilo. Não há nenhuma compulsão para se fazer um certo trabalho. Eu posso trabalhar naquilo que eu sou bom e no que eu fui treinado, sem restrição. Nós temos democracia".

Não é o que nós chamamos de democracia, mas é uma forma de democracia, uma democracia mista. Os Chineses estão apresentando ao mundo uma forma muito interessante de governo, que é um experimento e pode não terminar da forma na qual ele parece estar caminhando agora. Esta é a natureza do experimento. Estes experimentos na escala de um país como a China, levam tempo para se desenvolverem. Na China, você tem um grupo de homens fortes, com o exército e a polícia por trás, então eles podem forçar o que seria o governo da lei, como eles veem a lei, e eles realmente o forçam. Ela é um país do 1º raio. A alma do país é do 1º raio; a personalidade é do 3º raio**. Eles não são muito sentimentais. Isto não é um defeito.

Este país [EUA], mesmo com o desonesto e autocrático presente governo, tem uma alma do 2º raio e uma personalidade do 6º raio, e é até certo ponto, sentimental. No entanto, eu preferiria ter esta do que a mais robusta, falando suavemente, forma de democracia Chinesa, porque eu acho que a alma do 2º raio dos Estados Unidos irá eventualmente se manifestar, e quanto mais cedo isto ocorrer, melhor para o mundo. O mundo está realmente aguardando que a alma dos Estados Unidos se manifeste. Quando ela se manifestar, ele levará ao coração as necessidades do mundo como um todo. Pela primeira vez, ele ampliará a sua visão sobre a influência dos ensinamentos de Maitreya, Que evocará o aspecto da alma dos Estados Unidos, e o inspirará a partilhar os recursos que ele possui em abundância. Um novo Plano Marshall em escala mundial será o resultado. Esta é uma das coisas mais esperançosas a se aguardar como membros desta nação. A nação Americana é uma grande nação. Ela fez algumas coisas terríveis, mas todas as outras nações também já fizeram. Ela é uma nação jovem, então, em certo sentido, é esperado que ela sai fora de controle algumas vezes; mas ela é tão poderosa, tão grande, tão rica, que ela tem uma enorme influência sobre o mundo.

Esta influência é o resultado natural da inteligência e inventividade do seu povo. Ela é também uma influência planejada, planejada a partir de Washington, da Casa Branca e do Pentágono—que é onde se encontra o verdadeiro poder nos EUA. O Pentágono e a Casa Branca controlam o destino dos Estados Unidos, e em até certa escala, o destino do mundo. Isso não deveria ocorrer.

O Império Americano

É o objetivo de Maitreya controlar a vontade por poder da presente administração e a sua necessidade de desenvolver um sistema "democrático" mundial que será, para todas as intenções e propósitos, um Império Americano. Existem muitos Americanos que estão bem conscientemente pensando e trabalhando em direção do estabelecimento de um Império Americano. Eles chamam este século de "Século Americano", no qual este império será estabelecido. Esta é a vontade e plano deles, mas isso não ocorrerá. Não é o plano do Logos do nosso planeta que uma nação ou uma forma de governo dominem ao redor do mundo.

Entre os séculos 17 e 20, a Grã-Bretanha estabeleceu um poder mundial e formou aquilo que não é mais um império. Ela de fato formou um império, o qual ela abriu mão no último século, mas formou algo muito mais durador e significante, a Comunidade Britânica de Nações.

A Comunidade Britânica de Nações é uma verdadeira união de povos a longo prazo para o Plano de nosso Logos Planetário, e portanto, para a Hierarquia Espiritual, que leva adiante o Plano.

A Comunidade Britânica de Nações não é realmente uma comunidade, mas ela instituiu uma liberdade comercial que não havia sido vista antes. Ela não é a mesma entre outras nações, mas ela realmente existe na Comunidade Britânica. Hoje em dia, os Australianos acham difícil saudar a Rainha, saudar a bandeira, já que muitos se veem como totalmente distintos e separados. Mesmo assim, estes milhões de Australianos têm uma ligação de sangue com a Grã-Bretanha. Isto é verdade para cada país da Comunidade: Nova Zelândia, Canadá, as Índias Ocidentais, partes da África, Índia, Paquistão, entre outros.

Se você olhasse um mapa antes da última guerra, a maior parte dele era rosa. Isto significava que ele era parte da Comunidade Britânica de Nações, o antigo Império Britânico. O império não existe mais, e partes dele, principalmente na África, estão lutando para se tornarem nações independentes.

A Comunidade Britânica de Nações, que manteve estes laços invisíveis com a Grã-Bretanha, está, na verdade, apresentando uma visão de união de povos, de diferentes cores, diferentes tradições, diferentes religiões, diferentes formas de se pensar, sentir e se relacionar, vivendo juntos, em paz. Na Grã-Bretanha, hoje, tudo isso está se unindo, frequentemente em grandes grupos.

Você pode ir a Manchester ou alguma outra cidade, e muitos grupos têm nomes Paquistaneses ou das Índias Ocidentais, além de tradições, comida, religião, mas eles têm sotaque Inglês e se veem como Ingleses. Eles parecem diferentes, mas eles falam da mesma forma e são todos Britânicos.

Eles vivem juntos em relativa paz, de uma forma na qual é bem única ao mundo. Existem conflitos, quando o Partido Nacional Britânico [partido de extrema-direita] faz coisas ruins e se lança contra os Paquistaneses, por exemplo, e os Paquistaneses contra-atacam, mas isto é raro e ocorre em apenas alguns anos. Falando de forma geral, há uma incrível boa vontade e consolidação de boas relações entre estas comunidades bem separados. Elas não se misturam, ao todo. Algumas se misturam, é lógico, mas ao todo, cada nacionalidade de qualquer parte da Comunidade, mantém sua própria identidade e sua própria língua, sua própria comida, escolas, igrejas ou templos. Elas são distintas, amigáveis uma com as outras, e há o mínimo de tensão.

Três experimentos

A Comunidade Britânica de Nações é em miniatura (embora nós estejamos falando de milhões de pessoas), um experimento. Existem três grandes experimentos que estão sendo levados adiante no mundo. Um deles é a Grã-Bretanha.

Aqui, nos Estados Unidos, há a transportação da Europa para a América, tomando uma parte da Europa e a colocando além do mar. É assim que os "Estados Unidos" nasceram: uma amostra da maioria das pessoas da Europa—não muitos franceses, por causa da diferença de raios, mas Ingleses, Irlandeses, Escoceses, Holandeses, Alemães, Espanhóis, Escandinavos, principalmente os Suecos, Italianos, Gregos e alguns poucos mais de outros lugares. Você os pegou, colocou nos Estados Unidos e disse a eles: "Agora, colonizem este país, passem pelas Rochosas, encontrem ElDorado, a Califórnia".

"Democracia" e escravidão

Então, um grande erro foi cometido. As pessoas falam sobre democracia como sendo uma coisa maravilhosa, e como ela começou com os Gregos.

Os Gregos foram os primeiros democratas, é verdade. Desde o século 5 A.C, eles tiveram um tipo de democracia, um conselho democrático, um encontro de homens que pensavam de forma semelhante, do mesmo nível social, todos senadores, proprietários de terra, todos ricos, homens poderosos de Atenas. Mas Atenas, como outras cidades Gregas, e como as cidades Romanas, operava completamente a base de escravos. Escravidão existia bem antes de Atenas, mas Atenas se ergueu ao poder nas costas dos escravos. Da mesma forma, a civilização Grega, da qual tanto veio, tantas descobertas inteligentes, principalmente na ciência, geometria, arquitetura, e por aí vai. Nós aprendemos tanto destes homens extraordinariamente sábios e talentosos, mas eles fizeram tudo isso nas costas dos escravos.

Atenas e as outras grandes cidades da Grécia funcionavam a base de escravos. Você saia, lutava batalhas, conquistava, e fazia prisioneiros. Os prisioneiros eram trazidos para casa como escravos. Quando este país, os Estados Unidos, fez aumentar seu poder e riqueza, o mesmo aconteceu. Vocês pegaram seus escravos, desta vez, da África. Os Árabes foram traficantes de escravos por gerações antes disso. Eles tinham uma economia baseada no trabalho escravo, alguns deles ainda têm, e alguns dos escravos em potencial vendiam, eles mesmos, outros para os traficantes de escravos. Eles participaram deste horrível comércio de seres humanos. Eles ficaram mais ricos, e então, puderam sair das castas mais baixas. Eram sempre os mais pobres e os nos níveis mais baixos do sistema social que se tornavam escravos. A parte sul deste país, como vocês sabem, foi construída a base da escravidão, e uma grande parte da riqueza deste país veio da escravidão.

Uma grande parte da riqueza ainda gozada pela aristocracia e sub-aristocracia da Grã-Bretanha foi conseguida ao se vender escravos. Eles tinham os navios que iam até a costa Africana, a Costa Dourada, a Costa do Marfim, e outras áreas. Lá, eles compravam e traficavam escravos em navios pelo mar. Era um tráfico horrível, e ele continua até hoje: escravos ainda são comprados e vendidos em partes da África, Índia, China, e outros países.

Existem muitos tipos diferentes de democracia ou países democráticos. Uma democracia baseada na escravidão é uma contradição em termos, a não ser que você possa dividir a humanidade em dois tipos diferentes de pessoas. Aqueles que têm poder podem fazer uma paródia da lei democrática em seu próprio nível, mas ao mesmo tempo, eles podem construir uma economia profundamente escravista. Isso é trágico. Esta é a forma na qual a humanidade se comportou por incontáveis milênios.

Conselho de Segurança

Apesar da força da voz Americana clamando por democracia em todos os lugares (e eu, pessoalmente, sou bem favorável a democracia), não há nenhum país mais feroz em exigir democracia fora dos EUA do que o próprio Estados Unidos. Além do mais, como meu Mestre diz, este país é curiosamente cego para a falta de democracia que existe nos Estados Unidos.

A ação do Conselho de Segurança é exatamente o oposto da democracia. O Conselho de Segurança foi criado por cinco nações que tinham a bomba atômica-Grã-Bretanha, Estados Unidos, França, China e Rússia. Como eles tinham a bomba atômica, estes cinco dominaram as ações das Nações Unidas e formaram o Conselho de Segurança, o que deu a eles o direito a veto.

Nada é tão contra a democracia do que ter, dentro dela, o direito a veto. Qualquer país que tem o veto pode usá-lo para impedir a implementação de qualquer resolução feita pela Assembleia Geral das Nações Unidas como um todo. Os EUA usam o veto mais do que qualquer outra nação, e o utilizou 63 vezes no caso de resoluções contra Israel. Israel simplesmente não liga para as Nações Unidas, porque ele sabe que o veto Americano o mantém imune a críticas.

Uma das desculpas por atacar o Iraque, que foi utilizada pelos Estados Unidos e a Grã-Bretanha, foi que Saddam Hussein foi negligente em implementar 19 (alguns dizem 17) resoluções das Nações Unidas. As resoluções eram sobre armas de destruição em massa. Os Estados Unidos e o Reino Unido disseram que o

Iraque não tinha destruído suas armas, o que, de fato, ele tinha feito, como nós sabemos, já que a revista Share International sabia e publicou isto antes da guerra começar. Israel, no entanto, fica livre. Ele não precisa implementar qualquer uma das 63 resoluções que ainda existem contra ele, por causa do sistema de veto e da proteção dos EUA.

O veto e o Conselho de Segurança já não possuem mais utilidade, sua razão de ser, e devem ser abolidos. As Nações Unidas devem ser purificadas do veto e se tornarem uma assembleia verdadeiramente democrática. Ela não poderá ser uma assembleia democrática até que o Conselho de Segurança seja dissolvido e o poder de veto seja retirado. Então, a voz, que meu Mestre chama "a voz da esperança do mundo", a própria Assembleia Geral das Nações Unidas, poderá ser ouvida pura e simplesmente, e ser usada para arrumar os erros do mundo o mais rápido possível. Esta é uma questão, de fato, muito urgente.

Apesar do presente foco Ocidental na democracia em todos os lugares e a todo o custo, com as pessoas a querendo ou não, se não for seguido o tipo de democracia que é utilizado nos EUA, ela não é considerada uma democracia, e portanto, é vista como alguma forma de governo autoritário.

Democratas tendem a ressentir qualquer tipo de diminuição em sua democracia, mas apesar do presente foco, o dia está chegando quando democratas em todos os lugares não ressentirão um grau de supervisão e de decisão Hierárquica. Assim que as pessoas confiarem na sabedoria e conhecimento superiores dos Mestres, Suas supervisões serão bem vindas, como um processo de aprendizagem. Um novo e raro estado de humildade fará com que isto ocorra.

Quando nós vermos os Mestres e percebermos o quão tolerantes Eles são, nós começaremos a ver que nós não somos, de forma alguma, tolerantes. Nós veremos que os Mestres nunca impõem Suas vontades sobre a humanidade. Quando vermos o quão pacientes Eles são, e o quão de perto Eles trabalham com a Lei em tudo o que Eles fazem, nós veremos que o conhecimento superior, a sabedoria dos Mestres, é algo que nós amaremos ter.

Aquecimento Global

Existem pessoas hoje que são tão sensíveis ao seu pequeno poder e conhecimento, que elas acham que podem governar o mundo. Existem algumas que acham que elas sabem tudo—cientistas, por exemplo.

Existem cientistas que dizem que este planeta está aquecendo, que o aquecimento global é uma realidade e que nós precisamos fazer algo quanto a isso. Nós estamos jogando toda esta poluição na atmosfera, e ela está aquecendo o planeta. Ao mesmo tempo, existem outros cientistas dizendo o oposto; eles tendem a estar nos EUA.

Existem cientistas aqui que foram subornados, ou que genuinamente acham que esta afirmação de que o planeta está aquecendo, não é verdade. Eles acreditam que este é um problema que não será resolvido ao se fazer com que emissores diminuam o excesso de emissão de gás. Isto não dará certo, e nem é necessário que seja feito, eles dizem. Existem outras soluções. Em tempo, eles dizem que nós teremos todo o petróleo que quisermos, assim que colocarmos nossas mãos no petróleo Iraquiano, no petróleo Venezuelano, e qualquer outro petróleo que está por aí e que não está sendo utilizado. Nós o estocaremos. Nós temos montanhas que foram cavadas, com um buraco dentro. Nós colocaremos todo o petróleo dentro de barris. Eles o farão até o Reino dos Céus vir, eles acreditam, e sendo em sua maior parte fundamentalistas, eles sabem que a Vinda do Reino está mais próxima do que a maioria das pessoas acham.

O tempo está chegando quando as pessoas ficarão felizes se um Mestre disser: "Bem, se eu fosse você, eu faria isso e isso". Elas amarão isto. Elas se tornarão como crianças na escola. Os Mestres sabem tanto. Eles têm acesso a qualquer informação que Eles precisam. Eles apenas precisam utilizar os Devas para consegui-la.

As pessoas ficarão muito felizes em receber a orientação e um grau de controle do ponto de vista de conselho—que política realizar, como seguir o Plano. Nós não conhecemos o Plano. Nós não sabíamos, até vermos os Mestres, que havia um Plano; mas existe um Plano, e os Mestres levam o Plano adiante. Já que nós não sabemos que existe um Plano, nós fazemos quase tudo, com exceção da coisa certa. Nós fazemos a coisa certa por acidente e tudo o mais por escolha.

Haverá um grau de supervisão que será perfeitamente aceitável, até mesmo pelas pessoas que são bem rígidas. Uma das coisas que as pessoas dizem sobre esta história é: "Eu não gosto da palavra 'Mestres'. Eu digo: "Bem, eles são Mestres sobre Si Mesmos. Eles são Mestres, no sentido de que Eles têm completa consciência e completo controle sobre cada plano de nosso planeta. É isso o que te torna um Mestre". E elas dizem: "Eu ainda não gosto disso. Eu não gosto Deles sendo...". O que elas realmente querem dizer é "acima" de nós. Elas acham que os Mestres, sendo Quem Eles são, inevitavelmente nos dirão o que fazer. Elas não sabem que os Mestres apenas dirão as pessoas o que fazer se isto for perguntado a Eles. Pergunte a um Mestre qual seria a coisa certa a se fazer e Ele poderá dizer: "Bem, a coisa sábia a se fazer é tal e tal coisa". Se você for sábio, você fará isso, porque será o certo. Mas de outra forma, Eles não dirão. Eles estão em uma relação puramente consultiva conosco.

Grupos espirituais

Existem muitos grupos espirituais neste país e em outros lugares, muitos milhares deles. Não importa o quão glamourizados eles possam ser, inativos, introspectivos, não tendo noção do mundo como um todo, mas eles existem. Eles estão, no momento, quase que completamente separados, fragmentados. Poucos deles têm qualquer relação um com o outro.

Quando eu vim para este país pela primeira vez, em Janeiro de 1980, para a Conferência do Conselho sobre Unidade na Diversidade, eu pensei: "Aleluia, esse é um grupo maravilhoso. Ele une grupos de todos os tipos. Eles estão trabalhando juntos, sobre um único conceito chamado de Conselho da Unidade na Diversidade, a maior diversidade e a maior unidade, um maravilhoso conceito de como se viver verdadeiramente no planeta Terra". É isso que nós precisamos—a maior variedade e diversidade, todos os diferentes países dando suas qualidades ao todo, por causa de suas diferentes estruturas de raio. Os raios dão as qualidades, e os países podem, portanto, fazer fluir sobre o conjunto em comum, tudo o que eles distintivamente e unicamente têm, por causa da combinação do seu raio de alma e personalidade.

Todos são necessários, todos têm uma parte destinada a exercerem no mundo. Mais e mais, conforme a Era de Aquário progredir e os Mestres estarem no mundo por um longo tempo, nações estarão gradualmente demonstrando as qualidades de seus raios, seus dons individuais, e dando este benefício ao todo. É assim que deverá ser. Hoje não é assim, mas é assim que será.

Grupos como este precisam trabalhar junto com outros grupos, apoiar todos os grupos para se construir uma opinião pública mundial. É uma opinião pública mundial, como ela deve ser expressa através das pessoas do mundo, e que mudará o mundo.

A tarefa de Maitreya é a de galvanizar a opinião pública mundial e focá-la através de algumas simples ideias, já que pessoas em todos os lugares estão clamando por justiça, por liberdade; por partilha como a única forma de se alcançar justiça e o fim da guerra, a criação da paz. Paz e o fim do terrorismo dependem da criação de justiça, e a única coisa que conseguirá isto é: partilhar os recursos do mundo.

Estas são coisas simples que a humanidade precisa entender. Existem milhões de grupos. Alguns estão reivindicando justiça para os animais, o fim dos abatedouros, "vegetarianismo para todos", e por aí vai. "Parem de matar o reino animal". "Salvem as baleias". "Salvem as focas". Estas são grandes ideias. Eu concordo com todas elas, mas você não pode ter todas estas ideias diferentes ao mesmo tempo. Isso simplesmente enfraquece o seu impacto.

Isso precisa ser simples: a transformação da humanidade através da partilha dos recursos, de forma a se criar justiça, e assim, criar paz. Esta é a ideia para todos os grupos ao redor do mundo se focarem. A paz não é mais uma opção: nós não temos alternativa. Isso precisa ser entendido, porque se não existir paz, então, eventualmente, nós nos destruiremos. Uma pequena guerra se tornaria uma grande guerra. Ela se tornaria uma guerra nuclear, e todas as nações desapareceriam.

Eu não estou escrevendo os dizeres dos seus cartazes neste momento. Eu estou tentando focar suas mentes no essencial: partilha, levando a justiça, levando inevitavelmente ao fim do terrorismo, e a paz mundial. Apenas assim teremos paz. Como Maitreya diz: "Não há outro caminho". Se nós não partilharmos, então nós morremos, mais cedo ou mais tarde. É simplesmente isso.

É uma questão de partilha e transformação do mundo. Isto cria a confiança na qual todos os futuros acordos serão baseados. Você pode resolver qualquer coisa se houver confiança. Você precisa criar confiança, e apenas a partilha dos recursos do mundo fará isso. Então, todos os outros problemas—o Oriente Médio, o problema de se salvar o próprio planeta, e por aí vai— tudo isso pode ser lidado quando nós tivermos confiança. A maior parte dos desacordos desaparecerão, dissipados na boa vontade que fluirá em tremenda potência, quando a partilha dos recursos ocorrer.

Uma importante e útil tarefa para este grupo, e todos os grupos deste tipo, é agir conscientemente de forma a se criar síntese, em desenvolver a unidade na diversidade com outros grupos. Deem uma olhada na internet. Descubram, ao lerem os sites de todos os grupos. Eu acredito que não haja nenhum grupo de tamanho razoável hoje que não tenha uma página na internet. Lá, você pode ler sobre vários grupos, e se eles partilharem nossas preocupações e valores, se eles trabalharem para o bem do mundo, então, valerá a pena entrar em contato com eles e fazer algum tipo de demonstração em feiras e festivais, ou fazer uma troca de palestrantes. Trabalhar com outros grupos é possível. É difícil, mas é possível. Nós tivemos pouco sucesso na Grã-Bretanha, mas talvez, nós não tenhamos tentado tanto.

Todas as pessoas estão procurando por Unidade. É por isso que elas se juntam a um ou criam um grupo. Ao mesmo tempo, todos querem expressar sua individualidade, aquela qualidade única de cada alma encarnada. Apenas o tipo de Unidade que é natural e orgânica, sem preconceito ou rigidez, pode formar o adequado plano de fundo para aquela rica diversidade que torna o planeta Terra uma casa tão interessante para as suas pessoas.***

[*Para uma discussão mais detalhada sobre as Prioridades de Maitreya, vejam Maitreya's Mission, Volume Three, Capítulo 1.]

[**Para uma discussão sobre os Sete Raios e Raios de Nações, vejam A Missão de Maitreya, Volume Um, Capítulo 6 e Maitreya's Mission, Volume Two, Capítulo 13]

[***Leitores são encorajados a lerem os artigos e perguntas e respostas sobre Unidade, publicados em The Art of Co-operation, Parte Três, "Unity". Eles focam na necessidade por unidade como o objetivo da vida e o alcance da unidade no trabalho grupal.]

DIVERSIDADE E INDIVIDUALIDADE

P. Qual é a relação entre diversidade e individualidade? Uma pode existir sem a outra? (Março 2007)

R. Se não existisse individualidade, você não estaria falando sobre qualquer relação ou diversidade—sem individualidade, sem nada. Nós somos indivíduos. Este é o nosso ser Divino. O que precisamos fazer é controlar a individualidade. Não a imponha em grupos. Não a imponha sobre outras pessoas. Você nunca deve desistir da sua individualidade, mas você a coloca a serviço do grupo. Você tem algo para dar que mais ninguém pode dar, e eles têm algo para dar que mais ninguém tem. Cada um, a partir de sua própria individualidade, tem algo que mais ninguém pode dar. Esta é a diversidade do grupo.

Cada pessoa é única. Esta é a sua individualidade; ela vem da sua alma. Você é uma alma humana individualizada, e cada alma é única. Em todo o universo manifestado, não há nenhuma outra alma como a sua alma. Ela tem a sua vibração única que um Mestre pode reconhecer instantaneamente. Isto é algo que ninguém pode tirar de você, e você não deve permitir que ninguém a tire de você. Esta individualidade deve ser aceita como parte da diversidade de um grupo.

Cada um tem o direito de dizer o que acha e outros têm o direito de discordar. No fim, o grupo como um todo deve chegar a uma unidade, que em termos práticos, é um consenso. O consenso grupal vem, não por votos—quem vota para isso ou aquilo—mas por um consenso de pensamento que leva ao pensamento grupal. É isso o que nós estamos tentando fazer, porque apenas desta forma nós poderemos corretamente trabalhar com a energia de Aquário. Ela não tem uma aplicação individual. Ela funciona apenas através de grupos, e este é todo o ponto de se formar grupos.

Grupos estão se formando agora em cada departamento da vida, porque as pessoas sentem que nós estamos entrando em um momento no qual os grupos têm importância. Até o presente, um grupo de pessoas individuais—mas não um grupo—seguia uma pessoa que era o líder. Hoje, é diferente, e amanhã será ainda mais diferente. A posição de líder vai gradualmente desaparecer e o grupo como um todo irá fomentar o máximo de diversidade com unidade, e chegará às suas decisões por consenso.

Existem pessoas que não acreditam em consenso. Elas dizem que isso não existe: "Você ganha algumas e perde outras". Esta é a voz do homem de negócios moderno. É um jogo de competição. Você se julga por quantas vezes você ganha e por quantas você falhou em ganhar. Trabalho grupal não tem nenhuma relação com ganhar ou perder, nenhuma relação com competição. É consenso de pensamento em um grupo. Não é superar as mentes dos outros e falar mais alto.

P.No processo de decisão grupal, há frequentemente uma diversidade de opinião, mas não unidade. Neste caso, você poderia, por favor, comentar sobre como se chegar a uma decisão?

R. Se há uma diversidade de opinião na tomada de decisão grupal, isto já era o esperado. Se você tem um grupo diverso, você tem opiniões diversas—não talvez totalmente diversas, como em outro grupo—mas você deve aceitar que existirão opiniões diferentes.

A beleza do trabalho grupal é a chegada ao consenso. Aceite que existirão diferenças, espere-as ansiosamente. Elas são parte da vida. Aproveite-as. Você quer pontos de vista diversos. Você também quer formas unificadoras de se lidar com eles. Use ambos os métodos. Cada pessoa fala o que acha e você ouve a todas. Algumas se destacarão como tendo maior sentido, sendo mais práticas, mais prontamente capazes de implementação. Faça isso e deixe os caprichosos de lado. É tentativa e erro. Eu não conheço formas de se fazer coisas que vocês não conheçam. Vocês conhecem tanto quanto eu.

P. Unidade através da diversidade é a nossa chance de permitir que a energia da síntese trabalhe exteriormente com outros grupos. Nós também percebemos que a unidade através da diversidade precisa ser implementada internamente em nosso próprio grupo. Unidade através da diversidade precisa ser implementada em todos os lugares. (Janeiro/Fevereiro 2002)

R. Eu concordo. O objetivo de nossa vida, percebamos ou não, é o estabelecimento de unidade, representando aquela unidade que já existe. Cada átomo no universo manifestado está relacionado com cada outro átomo.

Unidade não é simplesmente uma ideia que nós podemos ter ou não. Ela está nos guiando em nosso processo evolucionário. Esta evolução, expansão de consciência, deve ser um processo de conscientização cada vez mais crescente da unidade e da síntese de todos os aspectos possíveis da unidade que existe, até que você tenha a "Mente de Deus", vendo a unidade que delineia toda a existência.

Minha própria ideia de unidade é a da maior diversidade possível. Como vocês sabem, existem sete raios de energia, e eles, em suas várias relações, produzem todos os fenômenos que nós vemos e experienciamos. Por causa da interação destes raios, há infinita diversidade. Todas as nações são governadas no nível da alma e da personalidade, por um de sete raios. Desta forma, as nações são bem variadas em suas qualidades.

Meu entendimento do artigo do Mestre sobre "Unidade" [página 126], é que ela não tem apenas relação com o trabalho grupal. Embora Ele de fato a relacione ao trabalho de grupos, Ele também a relaciona com o cenário mundial. Ele está realmente falando sobre relações internacionais e da necessidade de unidade nesta área; esta é a urgência. As relações do seu próprio grupo precisam da compreensão e do crescimento da unidade, mas elas não têm o mesmo efeito no mundo que, por exemplo, a falta de senso de unidade do Sr. George W.Bush, necessária para produzir co-operação e resolver os problemas do mundo. Apenas através de um senso de unidade se pode trabalhar de forma co-operativa.

Nós sabemos que os mais eficientes expoentes da competição, o oposto da co-operação, foram os Estados Unidos e vários países da Europa, Japão, Austrália e Canadá. Um número muito limitado de países estão, de fato, "guiando o show". O mundo é complexo. Portanto, os problemas envolvidos em seu desenvolvimento, até mesmo a manutenção da sua existência física, demandam co-operação e paz, a capacidade de se trabalhar unidos para resolver os problemas que estão ameaçando a própria existência do mundo. Estes são os verdadeiros problemas sobre os quais o Mestre está falando neste artigo sobre unidade.

O Mestre relaciona o artigo aos grupos, porque Ele têm vários grupos sobre o Seu comando. Ele está desenvolvendo as ideias em relação tanto aos grupos e ao cenário internacional, porque os grupos se relacionam com o mundo. Os efeitos nos grupos são relativamente sem importância, comparados com os efeitos que a unidade ou a competição têm no mundo, ou em nossas relações internacionais. Se, por exemplo, os Estados Unidos tivessem assinado o Protocolo de Quioto para a estabilização das emissões de gases que causam o efeito estufa, isto teria sido uma boa ideia, não apenas porque 180 nações viram como uma boa ideia—e eu não tenho dúvida, muitos Americanos também o viram— mas porque o Sr.Bush defende este tipo de abordagem. Mas ele defende a abordagem Republicana ao problema.

Historicamente, ela tem sido aquilo que é visto como de melhor interesse para o país que ela representa, os Estados Unidos. Os representantes de cada país, sem dúvida, estão cuidando dos mais cruciais interesses de seus países, como eles os veem. Algumas nações são um pouco mais avançadas, têm um pouco mais de envolvimento da alma em sua consciência, e então, veem as coisas de forma mais ampla. Elas são capazes de ver não apenas seus próprios interesses pessoais, mas podem, de tempo em tempo, terem uma visão mais ampla, e isto é bom e útil. Então, depende do ponto de evolução alcançado, e da importância da ideia ou problema.

Diversidade é a natureza fundamental da vida da humanidade. A individualidade de cada ser humano não é apenas um fato; é um dos principais fatos da evolução humana. A individualidade mostra o quão cada pessoa é única. Como uma extensão do indivíduo, cada nação é uma alma com uma personalidade. Ou o raio de personalidade, ou o de alma é o mais predominante, o mais influente.

Infelizmente, no tempo presente, o raio de alma está oculto, em sua maior parte, pelas atividades do raio menor, o raio da personalidade, e a maioria das nações cuidam, apenas, de seus próprios interesses pessoais, até onde elas podem. Se elas são grandes, poderosas nações como os Estados Unidos ou as nações Europeias, elas cuidam de seus próprios interesses de forma mais eficiente do que nações pequenas que não têm a força, internacionalmente, de fazer suas vozes serem ouvidas ou terem qualquer efeito no todo.

A maior diversidade dentro da maior unidade, ou, colocado de outra forma, a maior unidade com a maior diversidade, é o ideal que a humanidade está procurando e está alinhado com o Plano de nosso Logos para o desenvolvimento deste mundo. Maitreya, em uma de Suas primeiras mensagens [Mensagem Nº3] disse,

"Permita-Me mostrar a vocês o caminho adiante, para uma vida mais simples, na qual nenhum homem tem carência de algo; onde nenhum dia é igual ao outro; onde a alegria da Fraternidade se manifesta através de todos os homens".

"Onde nenhum dia é igual ao outro" é, para mim, uma declaração extraordinária. As únicas pessoas para as quais nenhum dia é igual ao outro são os jovens e a rara pessoa que tem dinheiro o suficiente e o tempo de lazer para fazer o que ela quer, que pode preencher sua vida criativamente, de momento a momento, de forma que não haja repetição. Tédio e repetição vêm da falta de diferença. Na unidade, não há falta de diferença. Não se trata da repetição de ideias semelhantes continuamente, até que elas se tornem entediantes. É ver a vida de forma criativa, e portanto, cada aspecto, cada movimento desta vida, de forma criativa, nova, de momento a momento. Quando você está no estado de unidade o qual os Mestres estão falando, este é o estado no qual o tempo não existe, aquele no qual a existência criativa existe para todos nós.

P. Consciência dos outros e co-odernação com os outros são pré-requisitos para se alcançar a unidade na diversidade? Que outras qualidades e passos você recomendaria para se criar unidade entre diversas pessoas e grupos?
R. Você precisa descobrir uma forma. Não é a minha forma que você quer. Eu não tenho formas já prontas que você pode usar. Você quer a forma que funcione para você, com o seu grupo. O seu grupo precisa tenta-la. Use diferentes abordagens. Use os seus próprios dons.

P. Qual é a diferença entre diversidade e fragmentação?
(Março 2007)
R. Fragmentação é sem forma. Diversidade dentro de uma unidade não é sem forma. A forma é o resultado da

unidade. Fragmentação, por si mesma, não tem nenhuma forma externa ou unidade.

Com unidade na diversidade, os grupos e pontos de vista diversos, não são fragmentos do todo; eles são partes do todo. O todo é o resultado de sua união e isto dá forma. A unidade vem da diversidade, e não o contrário. Você não tem unidade e então tem diversidade. Você tem diversidade e então, uma crescente unidade, ao ser capaz de superar as diferenças, em alcançar uma abordagem unificada, um padrão de pensamento unificado. Você, assim, alcança um certo grau de consciência grupal. Isso cria uma forma, que nós chamamos de unidade.

Todos estão desejando unidade. Todos estão se dirigindo em direção a esta unidade. É por isso que as pessoas participam de grupos, porque elas participam de partidos políticos. Elas estão procurando por pessoas que pensem de forma semelhante a elas, com as quais elas possam se unir. O objetivo de toda a vida é se tornar unificada. Na Era de Aquário, a Era vindoura, você verá isto manifesto através da energia da Síntese. Ela unirá a humanidade em uma síntese variável, uma verdadeira unidade.

Cada nação, cada pessoa dentro de uma nação, com os diversos e diferentes pontos de vista, seus diferentes sensos de sentido e propósito na vida, darão expressão individual a este propósito. Desta forma, uma grande tapeçaria é formada a partir de todas as ideias e a criatividade de todas as diferentes nações, sobre diferentes raios. Elas têm raios diferentes, para levarem esta grande diversidade de qualidades à uma unidade. Esta unidade está na mente do Logos e nós estamos levando adiante Seu Plano, conscientemente ou não. Isto está ocorrendo porque foi planejado. É a natureza do Plano do Logos ter a maior definição da individualidade de diferentes nações, cada uma expressando sua qualidade única instantaneamente reconhecível e diferente de todas as outras. Mas eventualmente, todas se tornarão parte de um todo fundido e misturado. Uma fusão do mesmo é o que os EUA gostariam, com todos adotando a sua versão de democracia, como se eles tivessem a resposta final para o desenvolvimento de sistemas políticos na democracia. Mas o Plano é o de que cada nação levará adiante o seu próprio destino, e uma unidade sairá desta diversidade.

Se você tem um jardim e todos as flores são brancas, ele é um belo jardim, mas bem chato. Um jardim que têm apenas flores de uma única cor não seria um verdadeiro jardim. Mas um jardim onde você pode sentir que todas as cores estão presentes, e ele é tão bem arrumado que leva de forma maravilhosa de uma parte a outra, é um verdadeiro jardim, elevador e refrescante.

Alguns pintores pintam com apenas uma cor, ou talvez tons diferentes da mesma cor. Você tem unidade, mas é um tipo de falsa unidade. Você pode ocasionalmente fazer isso. Mas se todos os seus quadros fossem de uma cor, e todos iguais, você teria unidade, mas não diversidade. Da mesma forma, é por isso que a diversidade nos seres humanos é interessante.

P. Entre as prioridades de Maitreya está "a remoção da culpa e do medo". Você falou sobre o medo.* Você, por favor, poderia falar sobre a remoção e superação da culpa?
R. Culpa e medo estão bem relacionados. Culpa é o resultado do medo. A situação fundamental que cria o medo, também cria a culpa. O medo é que você tenha cometido um pecado. Ele é o resultado dos ensinamentos errôneos passados por grupos Cristãos por 2.000 anos, e instilou o medo e a culpa em 1 bilhão de Cristãos. Em cada encarnação, eles se deparam com a mesma coisa—medo, instilando culpa, e culpa, instilando medo, e o terrível efeito no sentimento de autoestima que este ensinamento tem. Isto, junto com

39

incontáveis e antigas superstições que enchem as mentes das pessoas de outras tradições religiosas, tornam o medo e a culpa dois poderosos bloqueios no caminho do despertar da consciência.

Uma grande parte do tempo de Maitreya será utilizado para remover o medo e a culpa da humanidade. Ele não irá simplesmente manipulá-los e eliminá-los, mas Seus ensinamentos foram criados de forma a eliminar o medo e a culpa. Ele deu a você o caminho; você já o conhece. A forma para se remover o medo e a culpa é a de praticar as três técnicas que Maitreya sugere. Instile, adquira, crie dentro de si mesmo honestidade de mente, sinceridade de espírito e desapego. Se isso for feito assiduamente, corretamente, estes inevitavelmente criam o desapego no qual o medo e a culpa desaparecem.

Se você é desapegado, você está livre da culpa e do medo. Não poderia ser de outra forma. Culpa e medo existem por causa do apego. Se você está apegado às suas crenças—Cristã, Islâmica ou Budista--, e você faz coisas contra a sua crença, você vive em culpa e medo. Por exemplo, é dito aos Católicos que eles não devem fazer sexo fora do casamento, e que, mesmo dentro do casamento, eles não devem utilizar métodos anticoncepcionais. Mesmo assim, milhões de Católicos fazem isso, e eles vivem na culpa instilada pelas suas ações.

Para Católicos, esta é uma luta interna tremenda. Eles devem obedecer as estipulações da Igreja feitas pelo Papa, de que você não deve fazer sexo fora do casamento, de que você não pode se casar duas vezes na igreja, de que contracepção é um pecado? Se Católicos acreditam no que o Papa diz, eles estão com problemas, porque o bom senso deles diz que isto não é errado e nem é pecado. É natural e normal. Eles têm a culpa e o medo da retribuição que foi instilado neles.

Maitreya removerá esta culpa e medo da humanidade através do bom senso. Você pode removê-las de si mesmo, praticando o desapego. Está tudo relacionado com desapego. Se você está apegado à sua retribuição por causa do seu medo de retribuição, você se sente culpado. Se você não está apegado, não há medo, não há culpa. Algumas ações são erradas, mas elas podem ser corrigidas. A Lei do Karma corrige as ações. Ela é uma grande Lei beneficente. Quando você faz algo errado, que é destrutivo, isto é mudada pelo efeito que você trouxe para si mesmo através da Lei do Karma. Ela é um efeito, não retribuição.

A Lei do Karma não faz você se sentir culpado. Ela simplesmente te dá uma Lei simples: "Você colhe aquilo que planta". Você tem pensamentos, você tem ações. Os efeitos saindo destas causas que você colocou em movimento tornam a vida boa ou ruim. Alguns deles serão bons, outro serão dolorosos. Mas nós mesmos os criamos. Não há nada que possamos chamar de retribuição. Há karma, que é a Lei se equilibrando: "Você colhe aquilo que planta". Ao tornar possível que as pessoas verdadeiramente compreendam a Lei do Karma, Maitreya a tornará real para elas. Elas verão que a melhor ação é a ação inofensiva, porque, desta forma, você colhe resultados inofensivos, resultados criativos, bons resultados. Você tem bom karma.
[* Veja Maitreya's Mission, Volume Two, Capítulo 10, "The Overcoming of Fear".]

P. Você disse que não existe pecado, mas e quanto a ganância, inveja, racismo, etc, todos crimes de separatividade? Eles não são todos sinais de falta de evolução? (Outubro 2010)
R. Sim, de fato, mas quando eu falo sobre pecado, eu quero dizer no sentido Cristão. Cristãos falam sobre pecados e o diabo nos tentando. Mas não há nada

semelhante a isso. Do ponto de vista dos Mestres, o único "pecado" é o da separação ou separatividade. Este é o pecado do qual todos os outros emergem.

P.(1) É possível desenvolver o seu próprio coração? (2) Como eu posso me tornar mais sensível aos outros, ao mundo, a partir do meu coração? (Janeiro/Fevereiro 2006)
R. (1) Sim. (2) Medite mais. Sirva mais. Aprenda a reconhecer a diferença entre uma resposta emocional (do plexo solar) e uma resposta do centro do coração espiritual. Cultive sensibilidade ao último. Cultive inclusividade. Tente não se afastar de fatos desagradáveis ou dolorosos. Tente não ser complacente. Tente não ter medo ou vergonha de expressar amor quando ele for experienciado.

P. Como podemos abrir mais a nossa mente—nos tornarmos menos rígidos em nossas crenças? (Novembro 2008)
R. Torne-se mais tolerante às diferenças. Encontre-se com pessoas com pontos de vista diferentes e tente entender seus pontos de vista.

P. Maitreya disse, "Sem autoestima, você não pode fazer nada". Então, de quais pequenas formas uma pessoa pode aumentar a sua autoestima, se ela estiver baixa? (Junho 2009)
R. Realização, de qualquer forma, em qualquer direção, aumenta a autoestima. Portanto, todos os esforços devem ser dirigidos a se alcançar algum objetivo, grande ou pequeno, e então, constantemente "aumentar" o objetivo, até que a confiança que vem da realização se torne firme e confiável.

Aspiração é a chave. Se nós pudermos inspirar a aspiração latente em nós mesmos e nos outros, a autoestima automaticamente se segue.

TRÊS EXPERIMENTOS HIERÁRQUICOS: EUA, REINO UNIDO E RÚSSIA

P. Na sua palestra, você discutiu a Comunidade Britânica de Nações e a forma da unidade na diversidade com um papel a se ter no Plano do Logos. Você também mencionou os EUA a este respeito. Na Exteriorização da Hierarquia, o Mestre Djwhal Khul declara que a URSS, como uma grande Federação de Repúblicas, é uma futura síntese. Você, por favor, poderia falar mais sobre a Comunidade Britânica de Nações, os EUA e a antiga URSS, e o Plano do Logos?

R. Existem três aspectos do Plano: um na Grã-Bretanha, um nos Estados Unidos, e um na Rússia. Na palestra que eu dei, eu falei sobre o papel da Grã-Bretanha. Eu acabei não falando sobre a Rússia, e essa questão é bem relevante. Um tipo similar de experimento está sendo levado adiante na Rússia.

Nos Estados Unidos, é muito simples. Todas as nações Europeias foram levadas aos EUA. Ele se tornou uma mistura de todos estes diferentes grupos e disto, eventualmente, algo totalmente diferente nasceu. Você pode perceber um Americano de uma milha de distância. Por que? Há alguma coisa de diferente no rosto de um Americano que você não vê no Europeu. Ele é a mistura de todos esses diferentes grupos: Teutônicos e Latinos, Africanos, Nativo Americanos, Sul Americanos, entre outros, todos se unindo nos Estados Unidos. Todos estes diferentes tipos e grupos raciais misturados unidos, e disto, nasceu algo que você nunca viu antes.

Hoje, não há apenas uma mistura física. Para os Mestres, isto não seria assim tão importante. Os Mestres veem o físico como o aspecto mais baixo. Aquilo no qual Eles estão interessados é o aspecto psíquico, a evolução da consciência, e os diferentes tipos e aspectos de consciência em diferentes pessoas.

A humanidade está evoluindo a todo tempo, de acordo com o Plano de evolução na mente do Logos. A Hierarquia, através dos seus membros mais elevados, membros, como o Cristo e o Buda, têm acesso a mente do Logos, e conhecem o Plano. O trabalho Deles é o de fazer o Plano se manifestar através da humanidade e dos reinos inferiores.

O experimento é triplo, o que o torna muito potente. Ele é potencializado, por ser um triângulo. Há um ponto do triângulo na Grã-Bretanha, um nos Estados Unidos, e um terceiro na Rússia.

Na Grã-Bretanha, é uma Comunidade de Nações, o agrupamento de várias nações do mundo em um pequeno país. Todos os membros da Comunidade são unidos, mantendo sua própria existência e identidade. Os diferentes grupos permanecem juntos e, ao todo, não se misturam, mas de forma relativamente pacífica, eles coexistem.

Neste experimento que está ocorrendo, a Rússia é o terceiro aspecto. O que foi a União Soviética uniu cerca de 280 milhões de pessoas, em um sexto da superfície do mundo, indo de São Petersburgo, no oeste, até Vladivostok, no leste. Ela era um país colossal, composto de muitos povos diferentes: nações Europeias da Rússia Ocidental, os povos ao redor da área do Mar Negro, pelo Cazaquistão e Uzbequistão, chegando aos povos Islâmicos a leste da Rússia, até Vladivostok. Era uma extraordinária mistura.

A antiga União Soviética foi agora quebrada (como previsto por Maitreya, publicado na Share International, e enviado como um comunicado de imprensa para mídia mundial em Janeiro de 1990), e isto ocorreu muito rapidamente. Agora, há uma federação de estados autônomos e semi-autônomos. Alguns deles estão lutando para serem autônomos. Eles compõem o que era a homogênea União Soviética, sobre um grupo de ditadores, homens fortes em Moscou, e o partido Comunista, que tinha apenas cerca de 10 milhões de pessoas. Cerca de dez milhões de pessoas tinham a permissão de se juntarem ao Partido Comunista. Este pequeno grupo impunha sua vontade sobre as 270 milhões de pessoas da União Soviética, almejando a igualdade, mas esquecendo da liberdade. O governo em Moscou gostaria de ter ainda mais controle sobre os eventos em outras partes do que era a União Soviética, sem dúvida. Mas eles são estados nacionais, independentes.

Os Estados Unidos, também, são na verdade, uma federação de estados com um grau razoável de autonomia. Há a lei federal e a estadual, e elas nem sempre são a mesma. Os estados mantêm a sua identidade própria de forma muito forte e, de forma alguma, estão sujeitos apenas a lei federal. Eles têm muito a dizer sobre a administração do país.

No que era a antiga União Soviética, os membros independentes da federação têm, teoricamente, uma autonomia completa para dizerem como seus estados são governados, embora a Rússia Ocidental e Moscou ainda tenham uma certa medida de controle sobre alguns dos estados menos desenvolvidos. E também existem muitas lutas internas no nível local para se manter ou derrubar aquele antigo regime Comunista. Algumas pessoas ainda são Comunistas no coração. Este é um processo que demorará muito tempo para ser resolvido.

Se você pegar a constituição da Rússia e a dos Estados Unidos, elas são tão similares. É extraordinário. Eles acreditam nas mesmas coisas. Ambos são países do 6º raio. Ambos pensam que eles têm liberdade. Ambos pensam que têm justiça, porque o objetivo teórico deles são a liberdade e justiça. Nos EUA, há um certo grau de liberdade, mas pouca justiça social. Na Rússia, sobre os Soviéticos, havia um certo grau de justiça social, mas nenhuma liberdade. Eles fizeram isso desta forma, por causa das suas diferentes tradições. Eles lentamente chegarão ao entendimento de que, sem liberdade, você não pode ter justiça; sem justiça, você não pode ter liberdade. Elas são a mesma coisa.

Existem três agrupamentos no plano evolucionário para o desenvolvimento da humanidade, então ocorrerá a maior integração possível, com a maior diversidade possível. Todos estes três grandes experimentos—EUA, Grã-Bretanha e os estados federados da Rússia—estão almejando a unidade na diversidade em sua própria forma diferente. É assim que o Plano se manifesta.

É lógico, há uma grande troca entre estas nações. Como um triângulo de forças, as energias da Hierarquia fluem através dos três. Eles são os três mais importantes agrupamentos para o mundo pelos próximos, aproximadamente, 2.500 anos, e eles levarão a uma completa transformação da humanidade. Os raios e energias destes países trarão as mudanças: na Grã-Bretanha, a energia do 2º Raio do Amor/Sabedoria da sua alma e a do 1º Raio do Poder ou Governo no nível da personalidade; nos EUA, o 2º Raio do Amor/Sabedoria no nível da alma, e o 6º Raio do Idealismo ou Devoção no nível da personalidade; e na Rússia, o 7º Raio da Organização ou Ritual no nível da alma e o 6º raio do Idealismo ou Devoção no nível da personalidade*. Estes raios se manifestarão através destes três grupos. De tempos em tempos, pessoas de outras nações encarnarão na Grã-Bretanha, nos Estados Unidos e na Rússia, e, no devido tempo, isto levará a unificação do mundo, com o máximo de diversidade e liberdade para todas as pessoas.

[*Para uma discussão sobre os sete raios e os raios das nações, vejam A Missão de Maitreya, Volume Um, Capítulo 6, e Maitreya's Mission, Volume Two, Capítulo 13.]

P. Qual é o proposito destes diferentes desenvolvimentos?
(Março 2007)
R. Cada raça têm sete sub-raças, e todas as nações hoje são parte da quinta raça raiz. A Europa e os EUA representam a quinta sub-raça da quinta raça raiz. Desses povos, principalmente nos EUA, está lentamente sendo formado o núcleo da sexta sub-raça da quinta raça raiz. A quinta sub-raça expressa a qualidade do 5º raio da mente concreta inferior. Isto produziu os avanços da nossa ciência tecnológica. A sexta sub-raça dará expressão, eventualmente, àquele aspecto superior da mente que nós chamamos de intuição.

Aquilo que nós conhecemos como ciência é, do ponto de vista dos Mestres, a atividade da mente inferior, mas por inferior, Eles não querem dizer pior. Ela é simplesmente o aspecto inferior da mente, utilizando o cérebro e criando a ciência de hoje, a ciência concreta.

Existem três tipos de ciência. Existe ciência concreta ou tecnológica. Há a ciência da mente superior—filosófica, teórica e abstrata—a ciência de Einstein, por exemplo. Há também a ciência da psique, ou magia branca, que os Mestres utilizam. É a mesma ciência que as outras, mas ela é intangível, embora você possa ver seus resultados.

Um Mestre chega em um quarto. Como Ele passou pela parede? Ele repentinamente aparece. Ele faz isso através da magia branca, e repentinamente desaparece pela mesma ciência. Ele cria algo em Sua mão—ou Sai Baba cria vibhuti, quando você dá a sua mão à Ele. É a mesma ciência psíquica, uma ciência utilizando um nível diferente do equipamento psíquico. Todas estas ciências são a aplicação do conhecimento e do pensamento em níveis diferentes. Todas se relacionam com o princípio fundamental de que tudo no universo manifestado é energia, e que a energia segue o pensamento.

Como eu disse, a sexta sub-raça desenvolverá a intuição, o conhecimento da alma, que desce até o cérebro para a consciência. A função da mente inferior é a de racionalizar, discriminar. Você conhece pela experiência; você faz equações. A intuição está além do pensamento. Ela é a função da alma, antes que ela tenha descido até o nível do pensamento. A alma conhece a partir do seu próprio plano, e através do sistema nervoso, ela pode tornar conhecido aquilo que ela sabe. Você sabe sem precisar pensar.

Então, a sexta sub-raça se tornará adepta na utilização da intuição, e isto será um grande passo à frente para a humanidade.

P. A bandeira da Grã-Bretanha, a Union Jack, é, de alguma forma, um emblema da unidade na diversidade? (Março 2007)
R. A Union Jack é um emblema da unidade na diversidade. Isto é exatamente o que ela é. Ela representa as bandeiras da Inglaterra, Escócia, Irlanda do Norte e País de Gales.

P. Por que os Russos parecem escolher a ordem, ao invés da lei e ordem, ou ordem e controle, ao invés da verdadeira democracia? Parece que o eleitorado prefere um "homem forte" que assegurará segurança—embora isso possa levar a mais conflito interno ou externo. (Abril 2008)
R. Com respeito, isto me parece uma análise muito simplista da situação Russa. Nenhum país no mundo têm uma "democracia real". Os países Escandinavos estão, provavelmente, mais perto do ideal. Os EUA são governados por, e para o benefício de grandes empresas e do Pentágono; a Grã-Bretanha e outros países Europeus pela antiga aristocracia e as grandes empresas.

A Rússia, como muitos países, está em um estado de transição. Uma olhada nos raios da Rússia pode lançar uma luz em seus problemas. O Raio de alma é o 7º, o raio da ordem cerimonial, ritual, ou organização, e isto está potencialmente levando este grande país à uma unidade organizada e beneficente ordem. Ao mesmo tempo, a personalidade é do 6º Raio (o raio do idealismo ou devoção, e, da era passada), expresso pelas massas de sua gigantesca população. Estes dois raios estão se movendo e trabalhando em direções opostas, e então, criam uma luta inevitável. As pessoas da Rússia são profundamente religiosas. O Mestre Djwhal Khul (através de Alice Bailey), previu que a nova religião do 7º raio emergirá da Rússia.

DIVERSIDADE DE FORMAS POLÍTICAS

FORMAS POLÍTICAS NA NOVA ERA

pelo Mestre —, através de Benjamin Creme.

As estruturas políticas atuais são de três principais tipos, refletindo, embora imperfeitamente, três aspectos separados da intenção Divina. Para estas três formas, nós damos os nomes de Democracia, Comunismo e Fascismo. Embora distorcidas, cada uma encarna uma ideia divina, e cada está relacionada com um grande centro planetário.

Aquilo que nós chamamos de Democracia, é um reflexo, embora inadequado hoje, da natureza amorosa de Deus, exemplificada pela Hierarquia Espiritual, o centro no qual o Amor de Deus é expresso. Aquilo para o qual nós damos o nome de Comunismo é uma expressão, ainda imperfeita, da Inteligência de Deus, centrada na própria humanidade; enquanto que o Fascismo hoje, de uma forma totalmente distorcida, reflete a energia da Vontade de Shamballa, o centro no qual a Vontade de Deus é conhecida.

Cada uma destas três formas de organização e relacionamento está em um estado de transição, mais ou menos, e na gradual transformação delas para uma expressão mais completa da ideia divina por detrás, está a esperança da futura co-operação pacífica.

Cada uma destas formas, hoje, é caracterizada por um espírito de intensa rivalidade e exclusividade. Os seguidores de cada uma estão convictos que apenas eles têm a resposta para a necessidade dos homens por estrutura e organização, e estão prontos, se necessário, para colocarem o mundo em uma guerra catastrófica, afim de manterem seu sistema em particular.

E quanto ao futuro? Como nós poderemos assegurar que estes aparentemente diferentes e opostos modos de pensamento político não oprimam a humanidade? Pouca capacidade de previsão é necessária para se perceber que sem uma mudança de direção, a humanidade se depara com um perigo terrível. Não há necessidade de se elaborar quanto a isso; a ameaça nuclear é clara para todos.

Um primeiro passo imediato é a percepção de que a humanidade é Una; suas necessidades são as mesmas, em todos os lugares, não importa o quão variadas e aparentemente conflitantes sejam as formas exteriores. As enormes diferenças nos padrões de vida entre os países ricos e pobres, tiram sarro desta Unicidade essencial, e têm dentro delas, as sementes da guerra.

A resposta, portanto, é simples: a implementação do princípio da partilha oferece a solução para as divisões em nossa vida planetária. Nada diferente disto dará certo. Partilha é divina, é parte do Plano de Deus para Suas crianças, e irá, em algum dia, se manifestar.

E quando os homens partilharem, as divisões diminuirão, e as separações serão curadas; e, através das três principais estruturas políticas, o Amor, a Vontade e a Inteligência de Deus encontrarão um verdadeiro reflexo. Uma verdadeira Democracia na qual todos os homens participarão tomará o lugar da presente enganação. Um novo espírito de liberdade investirá o ideal Comunista com vivacidade a amor. Uma hierarquia verdadeiramente espiritual, encarnando a beneficente Vontade de Deus, um dia substituirá os presentes regimes autoritários.

Assim será. Assim as formas exteriores refletirão a vida divina interior e o propósito, e apresentarão aos homens novos modos de expressão e relacionamento, através dos quais suas crescentes percepções da natureza de Deus poderão ser percebidas.

Tudo espera a aceitação da partilha—a chave para a justiça e a paz.   (SI, Dezembro 1982)

DIVERSIDADE DE FORMAS POLÍTICAS

P. É difícil para eu imaginar como o fascismo pode evoluir para uma forma de governo mais divinamente inspirada. Você poderia falar sobre como o fascismo se parecerá em uma forma mais perfeita? (2)Haveria, por exemplo, um único líder inspirado pela Hierarquia Espiritual?

R. (1) O país como um todo estaria estruturado de tal forma a expressar o mais elevado, divino aspecto da Vontade, para refletir o propósito Hierárquico. O sistema político seria hierárquico, mas daria a cada cidadão completa liberdade e justiça social. (2) Sim, haveria tal líder.

P. Eu acho difícil de entender como o fascismo, mesmo em uma forma mais pura, pode ser visto como um atributo da divindade. Você, por favor, poderia explicar mais.

R. O Fascismo está relacionado com o primeiro raio ou aspecto da Vontade ou Poder, centrado em Shamballa, onde a vontade de Deus é conhecida. Isto não tem nenhuma relação com o totalitarismo destrutivo do fascismo de hoje.

P. Uma ditadura benevolente, como a de Fidel Castro em Cuba (pelo menos em seus primeiros dias), poderia ser considerada como "fascismo", refletindo, embora bem imperfeitamente, o aspecto Vontade de Shamballa?

R. Não. Fidel Castro estava tentando criar o comunismo em Cuba.

P. Atualmente, em 2012, que países estão potencialmente se dirigindo para um sistema político fascista?

R. China.

P. O artigo do seu Mestre, "Formas políticas na Nova Era", me fez perceber o quão errado é para os EUA tentar

exportar, ou até mesmo forçar, um sistema político democrático para outras nações. *(1) Cada nação está destinada a estabelecer um dos três sistemas políticos? (2) Isto está relacionado com a composição da sua população?*
R. (1) Sim. Essencialmente, mas na verdade, nem todas as nações estão destinadas. (2) Sim.

P. (1)A Alma de uma nação pode se expressar melhor através de um sistema político em particular? (2) A estrutura de raios de uma nação indica qual sistema político se estabelecerá na nação?
R. (1) Sim. (2) Sim.

P. Como as três formas políticas sobre as quais o Mestre fala estão relacionadas aos três experimentos Hierárquicos para a raça?
R. As três formas políticas expressam as qualidades dos Raios 1,2,3, os Raios de Aspecto: comunismo vem sobre a égide do 3º Raio (aspecto Inteligência e centrado na própria humanidade), democracia, sobre o 2º Raio (aspecto Amor, centrado na Hierarquia Espiritual), e fascismo sobre o 1º Raio (aspecto Vontade e Propósito, centrado em Shamballa)—todos em suas formas perfeitas. A alma de uma nação, ou indivíduo, quando é de um dos Raios de Atributo (raios 4,5,6 ou 7), eventualmente, precisa encontrar sua correspondência em um dos três Raios de Aspecto.

P. Você disse que a proporção ideal dentro de um sistema econômico para uma nação estável, é de 70 por cento socialismo e 30 por cento capitalismo. Ela pode ser estabelecida em qualquer uma destas formas políticas, ou será diferente?
R. Esta proporção pode ser estabelecida em qualquer uma destas três formas políticas.

P. Os Presidentes Castro, Chavez e Morales têm uma forma de governo diferente da democracia Ocidental? (Março 2007)

R. Fidel Castro, o último de um velho estilo de líderes comunistas, governou Cuba pelos últimos 50 anos, aproximadamente. Para mim, ele está de certa forma, ultrapassado. Hugo Chavez é um pouco diferente, e Evo Morales é ainda mais diferente.

O Sr.Chavez, que é um tipo não convencional de presidente, para dizer o mínimo, têm ideias brilhantes. Algumas delas podem parecer um pouco incomuns, mas elas estão sobre uma certa linha. Ele vem do mundo em desenvolvimento. A Venezuela era um país bem pobre, até a descoberta do seu petróleo. Agora, ela é uma país rico, com uma enorme reserva de petróleo, e então, repentinamente se tornou importante, principalmente para os Estados Unidos. Os EUA não gostam do tom do governo Chavez. Ele é muito para a esquerda, para aqueles no poder nos EUA contemplarem terem em sua porta. Ele é muito parecido com o governo Allende no Chile, do qual a CIA se livrou. Então, os Americanos deram milhões de dólares para fortalecerem as forças de oposição na Venezuela, para fazerem tanta pressão quanto for possível contra o governo Chavez e tentarem enfraquece-lo de alguma forma. Existem muitos grupos ricos de direita, homens de negócio na Venezuela, que estão satisfeitos por terem estes milhões de dólares para sua propaganda e pressionam grupos a contra-atacarem, o que parece a eles, as forças revolucionárias do governo Chavez. Enquanto isso, o próprio Chavez está fazendo uma jornada ao redor do mundo e criando contatos com muitos governos.

Na Grã-Bretanha, o tão chamado Novo Partido Trabalhista tem apenas uma pequena porcentagem de ideias trabalhistas e justas, e uma grande quantidade, talvez 80 por cento, de comercialização, baseada nas forças de mercado. Maitreya diz que aqueles governos no mundo que seguem cegamente as forças de mercado, estão levando seu povo a destruição. E é exatamente isso o que está ocorrendo ao redor do mundo. As forças de mercado, pela sua própria natureza, estão matando a nossa civilização. Você pode observar este princípio destrutivo, comercialização, levando tudo o que é sano, tudo o que é justo, tudo aquilo que é até mesmo bom senso, para fora do processo econômico. Ele está conseguindo transformar cada agência governamental, como a saúde e educação, e os próprios direitos humanos, em peões das forças de mercado. Chavez e Morales de fato têm estilos um pouco diferentes de governo, mas existem muitas formas. Algumas são chamadas de democráticas, algumas de semi-democráticas, algumas são surpreendentemente não-democráticas, e por aí vai. Em tempo, o mundo se tornará unificado. As energias de Aquário inevitavelmente levarão a uma maior síntese, mas hoje, as energias de Peixes estão levando as pessoas para direções diferentes.

P. Você quer dizer que o mundo se tornará unificado em um único sistema político-econômico? (Março 2007)
R. O mundo poderia se tornar unificado da forma Americana, seguindo o sistema econômico Americano, alinhado com as forças de mercado e baseado na competição. Ele serve bem a alguns poucos, e é ruim para a maioria, então ele cria muitas divisões e ansiedades, e eventualmente, o terrorismo e a guerra que nós temos hoje. Você poderia pensar que nós poderíamos tentar tornar o mundo um, no sentido de um império no estilo Americano, uma Pax Americana. Todos teriam a ideia Americana de democracia, e de alguma forma ou outra, o mundo continuaria competindo de forma gananciosa, sem entrar em guerra. Mas isto é uma fantasia. Nunca ocorrerá.

É por isso que nós temos guerra e terrorismo hoje, porque a visão Americana é uma visão do passado. E o mundo foi forçado, através de sua dominação econômica, à formas de governo e de relacionamento que são intrinsicamente impossíveis para o futuro. A competição envolvida não traz boa vontade, porque ela está relacionada apenas ao passado, e não tem nada a dar ao futuro.

Boa vontade é certamente o que nós precisamos, mas competição não cria boa vontade; é o oposto. Ela incentiva aquilo que você imaginaria, a luta por mercados e tentar vender seu produto mais barato do que o seu competidor. Este caminho leva ao confronto, e eventualmente, a guerra e mais guerras. É o caminho do passado.

É realmente uma escolha entre competição e co-operação. Co-operação é o caminho do futuro, e a única forma que servirá a humanidade.

P. Por que os governos parecem estar tão ineficientes agora? (Março 2007)
R. Os governos apenas sabem como agir nos termos do passado, e estes não mais se aplicam. É por isso que não existe nenhum governo na Terra hoje que possa realmente governar. Eles fazem o melhor, e todos falham porque, fundamentalmente, eles estão utilizando métodos ultrapassados. Apenas uma coisa—a única coisa na qual eles não pensariam—quebrará o presente impasse no qual eles chegaram, e isto seria inaugurar o sistema de partilha.

Assim que eles fizerem isso, eles criarão a confiança que lhes permitirá resolver todos os outros problemas de forma co-operativa. Eles precisam ser resolvidos de forma co-operativa. Você não pode impor soluções sobre nações que não a querem. Isso apenas pode ocorrer pela co-operação, quando a confiança criada pela partilha está lá e permite que a mudança ocorra. Então, a boa vontade criada pela confiança tornará possível a solução dos problemas que hoje parecem impossíveis.

P. O que você acha de Hugo Chavez e o aumento da maré de governos de esquerda na América Latina? Isto ocorrerá mais no mundo, com políticos trabalhando mais para erradicar a pobreza e defendendo menos os interesses dos ricos? (Janeiro/Fevereiro 2007)
R. Para qualquer um que queira ver justiça e o fim da pobreza e da fome, a resposta para esta pergunta é "Sim". Chavez está tentando ajudar o seu povo a sair da tradicional pobreza sem fim e do sofrimento, utilizando o dinheiro do petróleo para fazer isso—e, ao mesmo tempo, se defendendo das tentativas dos EUA de sabotar seu trabalho. A Hierarquia tem a visão de que a relação ideal para uma melhor coesão social e justiça é a de 70 por cento socialismo e 30 por cento capitalismo.

P. Hugo Chavez fez muito para servir o seu país até agora, mas parece que ele ultimamente perdeu o "equilíbrio", como está sendo evidenciado pelas suas tentativas de mudar a constituição para lhe permitir ficar de forma indefinida no cargo. Seus comentários, por favor. (Outubro 2007)
R. Parece que existe uma compreensão errônea aqui. Provavelmente seu programa de mudança levará anos para amadurecer e ele tem muitos inimigos em casa e no exterior, principalmente a administração dos EUA. É óbvio, portanto, que ele precisa de mais tempo para levar adiante as reformas, mas isso não quer dizer, necessariamente, de forma indefinida.

P. Recentemente, o Líbano viu o assassinato de Rafik Hariri, Samir Kassir, Geroge Hawi e Gebran Tueni, e a tentativa de assassinato de Mai Chidaic e Elias Murr. Você acredita que a CIA estava envolvida diretamente, ou indiretamente, em todos estes incidentes? Se sim, o que ela estava esperando? (Janeiro/Fevereiro 2006)

R. Não em todos eles, mas no assassinato de Rafik Hariri e Gebran Tueni, e na tentativa de assassinato de Mai Chidaic e Elias Murr. Ela procura, como ela fez no assassinato de Rafik Hariri, colocar a culpa destes assassinatos e tentativas de assassinato nos Sírios. Tudo isso é parte da pressão sendo exercida na Síria para "andar na linha", por ter ajudado a "insurgência no Iraque". Para os EUA, a Síria faz parte do "Triângulo do Mal", junto com o Irã e a Coréia do Norte.

P. O que a humanidade pode fazer para colocar um fim no terrorismo e na destruição? (Outubro 2010)

R. Terrorismo, de acordo com os Mestres, é basicamente o resultado da injustiça. Existem outros fatores, mas a causa fundamental é um sentimento de injustiça. Não há dúvidas de que as nações do G8 usurparam os bens e recursos do mundo por anos e anos. Nós estivemos vivendo nas costas das pessoas dos países em desenvolvimento por incontáveis anos. As pessoas nas nações em desenvolvimento, naturalmente, se sentem ofendidas e querem corrigir a situação. Elas se sentem sem esperança; elas não sabem como fazê-lo. Uma das formas, a mais agressiva de se fazer isso, é a de se tornar um terrorista.

O terrorismo é uma coisa terrível. Ele é um câncer, mas ele é compreensível se você conhece a causa. Nós precisamos procurar a causa por detrás de qualquer ato de agressão: qual é a causa por detrás da guerra, do terrorismo? Você descobrirá que a causa do terrorismo é um profundo sentimento de injustiça, um sentimento de ter lhe sido dado apenas uma parcela da vida. Terroristas sentem que eles têm apenas um fragmento do que as nações ricas e poderosas como os Estados Unidos, os países Europeus e o Japão têm. Isto não parece justo. Eles são seres humanos que sentem que são parte da humanidade—que de fato eles são—e, mesmo assim, não é dado a eles a chance de viverem ao máximo, de darem o máximo na vida. E então, muitos deles, frequentemente os mais jovens e corajosos, se voltam ao terrorismo.

Pensar que você pode fazer uma guerra contra o terrorismo é uma besteira. Você pode lutar uma guerra contra um país, mas você não pode fazer uma guerra contra um inimigo desconhecido. Você não pode lutar contra o terrorismo. Ele é fluído e não existe como uma nação. Provavelmente, existem terroristas em todos os países, sem exceção. Existem terroristas nos EUA, que vêm de vários países e que são contra a América. Existem também terroristas nos Estados Unidos que nasceram e foram criados nos EUA, e que estão profundamente ofendidos e desgostosos com alguns aspectos da vida nos EUA.

Isso não pode continuar assim. Este país, os EUA, cria inimigos onde quer que ele vá. É como se os Estados Unidos não pudessem existir sem um inimigo. Por que? Para provar que vocês são grandes e fortes? Nós sabemos que vocês são grandes e fortes. Os Estados Unidos são como um grande, forte e saudável jovem: imprudente e consciente de seus músculos e de que ele é invencível. Ele é bem agressivo e gaba-se de sua juventude e poder. Os Estados Unidos são uma nação bem jovem. Cresçam; deem tempo a vocês para crescerem; parem de gabarem-se de seus músculos, sua força e seu arsenal ao tornarem este ou aquele país seus inimigos.

Os Estados Unidos fizeram mais guerras contra outros países, desde o fim da Segunda Guerra Mundial, do que qualquer outro país. Façam com que o governo de vocês pare com as guerras. São vocês que irão fazê-lo. São vocês que podem fazer com que seu governo obedeça a lei da vida. A lei da vida é bem o oposto daquilo que permite a guerra. Nós precisamos colocar a guerra fora de nossa consciência. Nada é resolvido pela guerra. A guerra simplesmente cria cada vez mais guerra, mais discórdia e, hoje, terrorismo de todos os tipos.

O terrorismo está se tornando mais e mais sofisticado. Você não pode lutar contra ele através da guerra, porque você não sabe de onde ele está vindo. Ele pode vir de qualquer país no mundo.

P. Você tem alguma informação sobre o futuro de Cuba quando Fidel Castro deixar o poder? (Maio 2007)
R. Cuba tem sido um estado artificial por um longo tempo, o resultado de duas formas de ação, uma principalmente do próprio Fidel Castro e outra, do governo dos Estados Unidos. O governo dos Estados Unidos interrompeu qualquer ajuda e até mesmo comércio com Cuba por anos. Ao mesmo tempo, Castro—e ele tem algumas qualidades muito boas—tem sido um ditador a longo prazo em Cuba, e uma ditadura de qualquer tipo, beneficente ou não, não é boa para ninguém. Então, o povo de Cuba avançaria rapidamente se os EUA parassem com o seu embargo e se Castro se aposentasse e desistisse de controlar cada aspecto da vida Cubana.

Ditadura, mesmo uma ditadura beneficente, não é a resposta para as necessidades da humanidade. As pessoas precisam ser livres. E esta liberdade precisa estar em relação com um sentido de justiça. Em Cuba, há um certo grau de justiça, mas nenhuma liberdade política. Justiça e liberdade estão interligadas. Ambas são divinas, ambas necessárias para a divindade de cada ser humano.

O fim do regime de Castro será realmente uma boa coisa para o povo Cubano a longo prazo. Eles irão crescer sozinhos, pensar por eles mesmos, e terão liberdade e justiça juntas.

P. Se os EUA e outras forças pedissem um conselho a Hierarquia, que conselho e soluções à terrível bagunça feita no Afeganistão e no Iraque eles receberiam? (Outubro 2007)
R. Admitir o erro cometido pela invasão, e utilizar as verbas e todos os outros recursos necessários para dar novamente a estes países paz e calma. Realizar um estudo internacional liderado pela ONU para saber a melhor forma de começar e completar a restauração e evitar futuras incursões de um tipo semelhante no futuro.

P. (1) Governos de coalizão são o caminho a frente para muitos sistemas políticos que sofrem conflito devido a oposição de partidos políticos? (2) O governo de consenso é uma forma que nós veremos mais no futuro?
R. (1) Sim. (2) Sim.

P. O que será necessário para convencer ambos os lados no conflito Palestino-Israelense de que eles devem negociar para chegarem a um ponto no qual paz e tolerância se tornem possíveis? (Janeiro/Fevereiro 2009)
R. É fácil dizer que eles devem negociar, mas a diferença entre os dois lados é muito grande, e eu estou convencido de que Maitreya será necessário para uni-los. O problema é o de que uma paz negociada precisa ser justa para durar. Até agora, nunca foi oferecida aos Palestinos uma solução justa. Nem Israel esteve aberto para negociar questões cruciais de suas diferenças.

Eu acredito que um embargo mundial a Israel, como aquele que foi aplicado na África do Sul, e que levou ao fim do apartheid, seria a forma mais eficiente de levar Israel a mesa de negociação.

P. Boicotar os produtos de um país—por exemplo, Israel— é realmente eficiente? Boicotes não acabam atingindo as pessoas mais pobres em um país? (Outubro 2011)

R. Depende do país. Boicotar é uma forma na qual a comunidade internacional pode demonstrar sua desaprovação em relação a práticas fora da lei. Ele é um instrumento bem forte e, dependendo do tipo de boicote, ele pode afetar ricos ou pobres, ou todos os cidadãos dos países boicotados.

P. Se a ação de Israel que ocorreu em 1967, durante a Guerra dos Seis Dias, foi um "mal", nós estamos vendo a mesma energia trabalhando em relação as suas ações contra os Palestinos, particularmente aqueles na faixa de Gaza? (Janeiro/Fevereiro 2009)
R. Sim.

P.Em Junho 2010, as forças armadas Israelenses abordaram uma flotilha que tinha cerca de 700 ativistas pró-Palestina. Cerca de nove ativistas foram mortos, muitos foram presos e o resto está sendo deportado. (1) Este foi um ato mal do governo de Israel, tendo sido influenciado pelos resquícios das energias do Anticristo, a qual você se refere como "energias nefastas", que foram derrotadas durante a Segunda Guerra Mundial? (2) Este também é o resultado do fato de que, de acordo com a sua informação, muitos no governo e no exército Israelense eram oficiais militares Alemães em suas vidas passadas, e apoiavam a ideologia Nazista? (3) Alguns comentaristas sugeriram que Israel poderia ter deixado o barco chegar a terra firme e prender as pessoas neste momento, ao invés de abordar o barco no mar. Israel escolheu realizar a ação belicosa que fez, para mandar uma mensagem de que não se deve mexer com Israel? (Julho/Agosto 2010)
R. (1) Sim. Isto está por trás da determinação do governo Israelense (em associação com o Pentágono), para manter a tensão no Oriente Médio, aumentando, desta forma, a tensão e o estresse. (2) Sim. (3) Sim.

P. O poder militar de Israel depende do financiamento e ajuda dos Estados Unidos. O colapso econômico nos EUA e ao redor do mundo têm um impacto positivo no conflito entre Israel e Palestina? (Janeiro/Fevereiro 2009)
R. O Sr.Obama já disse que os Estados Unidos apoiarão Israel, mas que pressões econômicas podem causar uma diminuição do apoio financeiro Americano. De qualquer forma, eu tenho certeza que necessitaremos de Maitreya para reconciliarmos estes dois grupos.

P. A curto prazo, Maitreya certamente terá que sugerir um acordo de terra para paz entre os Israelenses e Palestinos. No entanto, a longo prazo, a nação de Israel terá que deixar oficialmente de existir e se tornar parte da Palestina, uma vez mais, sem nenhum tipo de divisão? (Novembro 2010)
R. Não, eu não acho que Israel deixará de existir—já se passou muito tempo para isso—mas as duas nações terão que viver lado a lado, partilhando juntas os recursos da área.

P. No fim de Julho de 2011, mais de 100.000 Israelenses tomaram as ruas para protestarem contra a injustiça social e o custo de vida em Israel. O seu Mestre poderia comentar se este é o começo de uma "primavera" Israelense e se levará a uma sociedade mais justa em Israel, assim como—eventualmente—na Palestina? (Setembro 2011)
R. É o começo na direção certa.

P. Qual é o papel de Israel na nova ordem mundial? (Novembro 2010)
R. O papel de Israel na nova ordem mundial é o de se ajoelhar e rezar por perdão pelo que ele está fazendo com os Palestinos. Então, perceber a realidade de que ele deve dividir terras com a Palestina, a fim de se criar duas sólidas e viáveis nações—Israel e Palestina. O

futuro para Israel é a penitência e a ressurgência da boa vontade natural de seu povo, e a superação do mal que o governo está criando nas terras Palestinas.

P. (1) Foi perguntado a Maitreya a sua opinião sobre a situação entre Israel e a Palestina, agora que o bloqueio a Gaza chamou a atenção do mundo? Se sim, (2) qual foi a natureza geral de Sua resposta? (Julho/Agosto 2010)
R. (1) Sim. (2) Maitreya lamenta a atual trágica situação dos Palestinos, e torna o Seu ponto de vista claro. Ele pede aos EUA que, ao invés de apoiar as cruéis ações do governo Israelense, use a sua influência com os Israelenses para acabar com este bloqueio desumano e começar negociações pela paz.

P. Os assentamentos Judeus ilegais na Cisjordânia (Leste de Jerusalém), devem ser evacuados para fazer com que um tratado de paz justo seja possível? (Julho/Agosto 2011)
R. Sim.

P. Alguns grupos e organizações apoiam a exigência Palestina pela solução de um estado, na qual todos os cidadãos, Judeus e Palestinos, têm os mesmos direitos democráticos em um país. Como a Hierarquia vê tal solução? (Julho/Agosto 2011)
R. Uma excelente solução, com exceção de que ela provavelmente é inalcançável. Portanto, Eles são favoráveis a uma solução de dois estados.

P. A Share International parece dar muita atenção a áreas problemáticas do mundo, como o Oriente Médio e a questões como a Palestina e Israel. Por que você dá um espaço na revista tão grande para tais histórias? (Janeiro/Fevereiro 2006)
R. Porque a resolução de tais conflitos, ocorrendo nestes locais, é essencial para a paz mundial.

P. Depois dos inspiradores eventos da Revolução Laranja no último ano, as pessoas agora estão desapontadas com o Presidente da Ucrânia, Viktor Yuschenko. Você poderia nos dar sua perspectiva em relação a Ucrânia? (Janeiro/Fevereiro 2006)
R. Há uma diferença gigantesca entre liderar e inspirar idealisticamente um grupo de pessoas, e implementar, de forma prática, as esperanças e ideais destas pessoas. Como presidente, o Sr. Yuschenko está achando muito mais difícil satisfazer as esperanças de tantas pessoas. Elas não deveriam confiar em um homem que não é muito prático. Elas precisam eleger um time de idealistas práticos, e trabalharem juntas para o bem de todos.

P. Maitreya disse que nós somos o "protetor de nosso irmão". Isto se aplica a uma escala internacional? Por exemplo, o resto do mundo deveria ficar parado enquanto um país como o Zimbabwe fica cada vez mais fora de controle e segue em direção a um caos devastador? Algumas pessoas pedem que o povo do Zimbabwe se erga e derrube sua liderança corrupta. O mundo espera que os líderes Africanos ajam. Enquanto isso, a violência, miséria e fome aumentam. (Julho/Agosto 2008)
R. Os líderes Africanos devem convidar as Nações Unidas a investigarem profundamente e agirem, se for necessário.

P. Países vizinhos estão frequentemente em guerra, e dentro destes países (como em muitas partes da África), há conflito entre pessoas, tribos, grupos étnicos e religiosos. É dito que o culpado são as antigas nações coloniais que deliberadamente estabeleceram fronteiras nacionais, em uma política de dividir para conquistar. Não foi mais um caso de ignorância e insensibilidade, ao invés de deliberadamente agirem para dividir pessoas e

tribos que tinham laços tradicionais, culturais e éticas?
(Outubro 2007)
R. Sim, eu acredito que seja mais um resultado de ignorância e insensibilidade, do que uma política deliberada.

P. É difícil imaginar o que o mundo seria sem o colonialismo. (1) Ele foi parte do Plano? (2) Os efeitos do colonialismo foram mais benéficos ou negativos, falando de forma geral?
R. (1)Não. (2) Os efeitos do colonialismo são variados, frequentemente dependendo da abordagem, hábitos e métodos da nação colonizadora. Em termos bem gerais, apesar de ter causado muito infelicidade, o colonialismo trouxe mais benefícios do que mazelas a humanidade.

P. Corrupção nos países em desenvolvimento frequentemente afasta doadores. Enquanto a monitoração da corrupção e um nível de transparência são bem vindos, a definição de corrupção leva a resultados distorcidos em relação a países em desenvolvimento, nos quais a corrupção é, em sua maior parte, individual, e também tem relação com sistemas econômicos e de comercio mundiais injustos. Corrupção governamental, militar, multinacional e política em países industrializados tendem a ser deixadas de lado em tais monitoramentos. Seria correto se dizer que grandes e poderosos países contribuem para corrupção em países mais pobres, e de quais maneiras? (Outubro 2007)
R. Esta não é a questão. A corrupção é global, maior em seus efeitos nos países desenvolvidos, por causa da enorme quantidade de dinheiro envolvida, do que nas áreas mais pobres do mundo. Além do mais, a corrupção que existe nos países em desenvolvimento não é apenas mais perceptível, mas ela dá aos países desenvolvidos uma desculpa fácil para não enviarem ajuda a estes "corruptos" governos.

66

ELEIÇÕES

P. O quão limpa foi a recente eleição nos EUA (Novembro 2006), que viu o retorno do partido Democrata ao poder no Congresso?
R. Cerca de 35 por cento limpa, o que quer dizer que, caso ela tivesse sido quase 100 por cento limpa, teria ocorrido uma vitória esmagadora dos Democratas. (Dezembro 2006)

P. As máquinas de votação eletrônicas foram manipuladas, como na eleição Americana de 2004, para darem uma vantagem aos Republicanos, mas não o suficiente para eles vencerem? (Dezembro 2006)
R. Algumas delas, sim, mas menos do que na eleição anterior. Os outros métodos, como intimidação, entre outros, ficaram todos bem em evidência.

P. O Presidente Geroge W. Bush sabe da total extensão da corrupção do sistema eleitoral em seu país? (Dezembro 2006)
R. Não. Ele deixa esses detalhes para a sua equipe.

P. Quem venceu a eleição no México? (Novembro 2006)
R. Estranhamente, ela foi uma eleição quase completamente livre e limpa, diferente das duas últimas eleições nos Estados Unidos—a última tendo sido a mais corrupta, eu acho, que já ocorreu em um estado moderno.
　　Vocês precisam se certificar de que não terão nenhuma eleição como essa novamente. Não a defendam. As urnas eletrônicas foram pré-programadas para mudarem cada 5 votos em Kerry para um voto para Bush. Esta eleição foi completamente falsa. Ohio, na verdade, foi vencida por Kerry, embora ele a tenha perdido. Flórida foi vencida por Kerry, assim como o

Novo México. O resultado teria sido completamente diferente, se não fosse pela corrupção. Houve um massivo voto contra Bush, mas também um forte voto a favor dele. Mas Kerry venceu a eleição, e isto foi negado, assim como na eleição anterior, na qual Al Gore venceu, mas também foi negado. O mundo seria um lugar completamente diferente se Gore ou Kerry tivessem se tornado Presidente. Maitreya, talvez, já estaria abertamente no mundo agora.

P. Manipulação de votos ocorreu na recente (2008) eleição presidencial Americana? (Dezembro 2008)
R. Sim, mas em um grau menor do que nas duas últimas eleições.

P. Se sim, qual teria sido o resultado real—sem a manipulação de votos e outros truques? (Dezembro 2008)
R. Cerca de 5 por cento mais votos para Barack Obama.

P. Qual é a sua opinião sobre a recente eleição no Irã, o processo eleitoral e os alegados resultados? (1) O quão correto foi o alegado resultado? (2) Qual presidente teria sido melhor para o Irã a longo prazo: Ahmadinejad ou Mousavi? (Julho/Agosto 2009)
R. (1) Eu acredito que as eleições Iranianas, assim como as duas eleições do ex-Presidente Bush, foram profundamente corruptas devido a uma forte "manipulação" feita pelo partido incumbente. A reação pública em Teerã pode ser bem entendida e justificada. (2) O Sr.Mousavi.

P. A Agência Atômica Internacional recentemente relatou que o Irã está tentando desenvolver armas nucleares. Você acha que este relatório é coreto, e se sim, o que a comunidade internacional deve fazer quanto a isso? (Dezembro 2011)

R. A minha informação é a de que as crescentes afirmações dos EUA, Israel e outros estados, não estão corretas. Minha informação é a de que o Irã está focando o seu programa nuclear, como ele diz, para propósitos pacíficos apenas, mas eles querem desenvolver um sistema no qual eles poderiam, se atacados, terem a possibilidade de criar uma arma de retaliação. Eles o querem de ambos os jeitos—em outras palavras, não criar uma arma de ataque, mas querem a possibilidade de retaliação, caso sejam atacados. Não se deve esquecer que Israel têm armas nucleares.

P. (1) Na eleição presidencial Francesa, urnas eletrônicas foram introduzidas pela primeira vez na França, uma iniciativa do Ministro do Interior, o Sr. Sarkozy. Houve alguma fraude nas eleições? (2) Com a eleição do Sr.Sarkozy, a Hierarquia prevê futuros levantes sociais na França? (Junho 2007)
R. (1) Sim, mas uma pequena porcentagem, comparada com algumas recentes eleições em outros lugares. (2) Não particularmente.

P. Cada vez mais, eleições parecem ser contestadas em várias partes do mundo. (1) Isto é uma indicação de que muitas eleições são fraudulentas? (2) Também é uma indicação da falha da política, como nós a conhecemos, em responder às necessidades reais das pessoas? (3) Partidos políticos como adversários é algo que já está ultrapassado? (Janeiro/Fevereiro 2008)
R. (1) Sim, e em grandes países que fazem as maiores críticas a "manipulação" que ocorre em países em desenvolvimento. (2) Sim. (3) Sim. As pessoas querem ver, acima de tudo, suas necessidades sendo satisfeitas.

P. A eleição Queniana de 2007 foi manipulada? (Janeiro/Fevereiro 2008)
R. Sim, até certa extensão.

P. A eleição de Barack Obama quer dizer que o aspecto da alma dos Estados Unidos pode agora se manifestar mais facilmente? (Dezembro 2008)
R. Não necessariamente. Ele ainda não fez nada! Uma melhor indicação virá quando o público do EUA ouvir e concordar com Maitreya. A comunidade Afro-Americana se sentirá fortalecida e vingada pela eleição de Barack Obama, mas quase metade do voto popular, 48 por cento, foi para os Republicanos. A quebra da economia e do sistema financeiro Americanos serão muito influentes nos meses a seguir.

P. Muito, talvez muito, seja esperado do Presidente Americano. Você acha que o mundo está sendo muito otimista? Espera-se que Barack Obama resolva as principais crises mundiais atuais: a crise econômica, ambiental ,desemprego, colapso industrial, o crescente número de desabrigados, aumento da pobreza, conflito no Oriente Médio e terrorismo. Certamente, tal tarefa precisaria de um super-homem para fazê-la? (Janeiro/Fevereiro 2009)
R. Absolutamente verdade. Felizmente, nós de fato temos um super-homem, que realmente pode nos mostrar o caminho para resolvermos tais problemas— Seu nome é Maitreya. O resto depende de nós. Nós precisamos tomar as decisões corretas na luz das ideias de Maitreya. Obama poderá ser uma voz decisiva para o "novo" Estados Unidos—co-operativo e disposto a ouvir os outros—no mundo.

P. As eleições e o prospecto de uma nova era na política dos EUA, com Barack Obama como Presidente, parecem ter elevado o espírito dos Americanos e de muitos outros ao redor do mundo. Você espera uma nova fase de modernização e negociação, ao invés de mais guerras? (Janeiro/Fevereiro 2009)

R. Sim. Ele provavelmente não retiraria de imediato as tropas Americanas no Iraque ou Afeganistão, mas assim que possível, seja lá de que forma. Nós podemos esperar lidar com um Presidente que não fala ou age como um demagogo ideológico, que é empírico e moderado, e que tem um país muito doente para recuperar. Ele tem isto ao seu favor—Maitreya e a Sua visão, energia e amor. Que exemplo para ele seguir!

P. Existem políticos no Japão que são inspirados por Maitreya? (Setembro 2010)
R. Existem aqueles que ouviram falar de Maitreya e Suas prioridades, e que dão um alto valor a esta informação, mas que não agem, pois eles se sentem sem esperança. Existem alguns poucos que, você poderia dizer, são diretamente inspirados—mas pelo Mestre em Tóquio. O Mestre em Tóquio tem discípulos através dos quais Ele trabalha. Em cada país, pessoas que respondem ao mundo mais amplo, ao invés de seus países individuais, estão sendo unidas. Estas pessoas irão oferecer o modelo dos novos governos que serão formados, por eleição democrática, em todos os países. Sinceridade e altruísmo serão as marcas dos novos governos.

P. Existem políticos no mundo que são inspirados por Maitreya? (Setembro 2010)
R. Existem alguns poucos políticos antigos que sabem algo ou se importam em relação a Maitreya. Mas nos centros, principalmente naqueles nos quais um Mestre vive [Londres, Nova York, Tóquio, Darjeeling, Genebra, Moscou, Roma], há um número crescente de grupos de pessoas selecionadas que foram unidas. Elas conhecem o Plano, e sabem o que a humanidade precisa, e através da óbvia falta de ego deles, e da óbvia sinceridade que eles têm, eles serão colocados em posições de influência e poder.

Estas perguntas são normalmente sobre indivíduos. As energias de Aquário, entretanto, funcionam apenas em grupos. A ideia de uma forte pessoa iluminada formando um grupo está mudando. Mas quando um grupo está trabalhando como um grupo, não como indivíduos, então as energias de Aquário podem ser contatadas e utilizadas.

P. Está se tornando mais claro a cada dia que os políticos não sabem o que fazer e não têm as repostas para as crescentes crises mundiais. Existem políticos ou líderes no mundo, presentemente, que têm alguma noção do que fazer e em como se resolver os crescentes problemas? (Novembro 2011)
R. Sim, mas eles ainda não estão no poder.

CONSPIRAÇÕES AMERICANAS

P. Por que o homem que está fingindo ser Saddam Houssein ainda está mantendo a mentira? Ele está passando por muita dar, pelo que? (Dezembro 2006)
R. A terrível e sinistra verdade é que o pobre homem que acabou de ser sentenciado a forca não percebe mais que ele não é Saddam Houssein, mas sim, um primo semelhante. Por um ano, nas mãos da CIA, ele sofreu uma sistemática lavagem cerebral utilizando remédios e hipnose para esquecer sua própria identidade e assumir aquela de Saddam Houssein, Presidente do Iraque.

Estes métodos foram utilizados por muitas agências de inteligência no mundo, por muitos anos, principalmente para transformar e capturar espiões capturados. Foi para este processo ocorrer que este sósia de Saddam Houssein desapareceu dos olhos públicos por tanto tempo, depois da sua captura.

P. O mundo algum dia descobrirá a verdade sobre o Saddam Houssein "errado" ter sido capturado? (Janeiro/Fevereiro 2007)
R. Sim, eu acredito que descobrirá. Eu acho que o próprio Maitreya trará este assunto a frente, ou, se não, alguém certamente Lhe fará perguntas relevantes sobre isso.

P. Onde está o corpo do verdadeiro Saddam Houssein? (Janeiro/Fevereiro 2007)
R. Ele foi enterrado em Tikit, no norte do Iraque, que é o lar tribal de Saddam Houssein.

P. O quanto do seu DNA é partilhado pelos seus primos? (Janeiro/Fevereiro 2007)
R. Isto varia, é lógico, mas cerca de 75 por cento. O único DNA que as autoridades Americanas tinham para comparar com o sósia de Saddam era o dos filhos de Saddam Houssein. Então, a evidência de DNA afirma que a identidade de Saddam Houssein é falsa.

P. Em 26 de Março de 2010, um navio de guerra Sul Coreano afundou perto da fronteira marítima entre a Coréia do Norte e do Sul. A investigação Sul Coreana sobre a causa do naufrágio concluiu que um torpedo atirado de um submarino Norte Coreano foi o culpado. Os EUA e outros governos condenaram a Coréia do Norte, mas o Norte afirma que a tão chamada evidência foi deliberadamente plantada e fortemente nega qualquer envolvimento. Um submarino Norte Coreano realmente disparou o torpedo? (Junho 2010)
R. Minha informação é a de que a Coréia do Norte não tem nenhuma relação com o naufrágio do navio Sul Coreano. Minha informação é a de que o verdadeiro culpado é a CIA Americana , que fez isso afim de levar a uma maior pressão sobre a Coréia do Norte.

P. Recentemente, eu vi o G20 na televisão, e os Presidentes dos EUA e da Coréia do Sul estavam se abraçando e sorrindo. Eu me pergunto se o Presidente da Coréia do Sul sabia que seu navio de guerra havia sido afundado pela CIA Americana (ver Share International Junho 2010). A Coréia do Sul e os EUA têm uma aliança. Eu não conseguiria acreditar que ele cumprimentaria o Presidente Americano de forma séria se ele soubesse o que tinha sido feito pela CIA.

(1) Ele sabe que o crime foi cometido pela CIA? (2) O Presidente Americano sabia que o verdadeiro culpado é a CIA Americana e manteve silencio afim de evitar maiores problemas? (3) O Presidente Americano pediu para a CIA afundar o navio Sul Coreano? (4) A CIA agiu de forma independente? (5) Se sim, isto indica que a CIA está fora de controle. Ela não é uma ameaça ao mundo? (6) Existe algum outro país que conhece o verdadeiro culpado? (7) Se o Presidente dos EUA sabe quem foi o verdadeiro culpado, ele não deveria sinceramente pedir desculpas pelas mortes e a falsa acusação para com a Coréia do Sul e do Norte? (Janeiro/Fevereiro 2011)

R. (1) Não. (2) Não. (3)Não. (4) Sim. (5) Sim. (6)Provavelmente não. (7) Sim, mas ele não sabe.

P. O assassinato de Osama Bin Laden, por uma força de ataque especial Americana no Paquistão, acabou de ser anunciado. É dito que ele levou um tiro no olho e morreu (embora estivesse desarmado) e o corpo teve o seu funeral no mar, isto quer dizer, ele não pode ser recuperado para inspeção. Você pode dizer se este, de fato, foi o fim de Bin Laden? (Junho 2011)

R. Eu de fato acredito que Osama Bin Laden não está vivo, mas este relatório da administração Americana não bate com a minha informação, que é a de que Osama Bin Laden morreu pacificamente, depois de uma longa luta contra uma doença, em 2006. Antes de morrer, ele desejou manter o seu chamado por "justiça" (como ele entendia o termo) e pediu para muitos de seus irmãos mais novos manterem o mito de sua presença.

P. Em 2007, Benzair Bhuto (ex-Primeira Ministra do Paquistão que foi assassinada), disse em uma entrevista que Osama Bin Laden estava morto. (1) Ela estava certa? (2) Como ele morreu? (3) Onde seu corpo está enterrado? (4) Se o cenário está certo, porque a sua morte foi mantida em segredo? (5) Supondo que isto seja verdade, por quanto tempo os EUA já sabem que Osama Bin Laden estava morto? (Junho 2011)
R. (1) Sim. (2) Ele morreu depois de uma longa batalha contra o câncer e uma doença renal. (3) Ele não foi enterrado, mas sim cremado. (4) Ele quis manter o mito como um chamado para as gerações mais novas. (5) Eles provavelmente acreditavam que ele ainda estava vivo. (Junho 2011)

P. Por que atiraram em Osama Bin Laden? Por que ele não foi capturado e julgado? (Junho 2011)
R. Pergunte aos Americanos.

P. Por que o seu corpo teve o seu funeral "no mar"? (Junho 2011)
R. Pergunte aos Americanos.

P. Há algo muito estranho sobre os relatos de como Osama Bin Laden morreu. Eles parecem uma reminiscência de como Saddam Houssein foi "encontrado" e "outros" fatos que cercam o seu "julgamento", entre outras coisas. Seus comentários, por favor. (Junho 2011)
R. Realmente.

P. Um dos noticiários mostrando o complexo no qual Osama Bin Laden foi morto mencionou que não havia sinal de uma máquina de hemodiálise, e mesmo assim, é bem conhecido que Osama Bin Laden tinha sérios

problemas nos rins. A falta de uma máquina de hemodiálise não aponta para a possibilidade de que Osama Bin Laden não estava vivendo no complexo? (Junho 2011)
R. Minha informação é a de que ele nunca viveu neste complexo.

AS NAÇÕES UNIDAS

P. Um tão chamado "Governo Mundial" um dia, existirá? (Novembro 2010)
R. Não. Os planos da Hierarquia não incluem a formação de um único governo mundial. Ao invés disso, as Nações Unidas são vistas como uma plataforma para todos os problemas internacionais serem levados adiante e discutidos. Cada nação é vista como tendo o seu próprio destino e seus próprios raios e estrutura energética, que leva a realização deste destino e dá a qualidade da individualidade para cada uma. Poderia se dizer em uma única frase, que "unidade na diversidade" é a visão da Hierarquia.

P. Você poderia comentar sobre o aparente paradoxo entre a sua posição, defendendo o futuro papel das Nações Unidas na política mundial, e o conceito de livre arbítrio. (Junho 2011)
R. Eu não vejo nenhuma contradição. A ONU não é um governo mundial, mas um "sensato conselho" para a troca de todas as diferentes, e talvez, contraditórias ideias, e é essencial que haja uma troca livre de tais ideias. Ela é a esperança da humanidade para um melhor e mais ordenado, pacífico e humano mundo.

P. Você disse que alguns problemas serão apenas resolvidos depois da emergência de Maitreya. Isto também inclui a reforma das Nações Unidas? (Março 2007)

R. As Nações Unidas ainda não estão no humor para a extraordinária reforma de abolir o veto. Não há nenhuma forma na qual, no momento, os Estados Unidos venham a desistir do uso do veto, e eu diria o mesmo quanto a Grã-Bretanha, França, Rússia e China. Todos eles adoram o veto e o poder que ele lhes dá.

Então, no que diz respeito a reconstrução das Nações Unidas, eu não acho que ela ocorrerá até que Maitreya esteja bem e verdadeiramente estabelecido, e Suas visões se tornem conhecidas. Não há nenhuma forma na qual as Nações Unidas possam alcançar uma verdadeira existência democrática, enquanto a pressão do Conselho de Segurança e do veto persistir, e a voz democrática da Assembleia Geral não for ouvida. Eu não consigo ver isto ocorrendo até que Maitreya seja aceito, e Seus pensamentos, ideais e prioridades estiverem guiando a humanidade. Eu acho que nós precisaremos de Maitreya para que isso ocorra.

PARTILHA

O CASO DA PARTILHA

pelo Mestre —, através de Benjamin Creme

Em pouco tempo, chegará um momento quando a humanidade deverá tomar uma grande decisão. Perturbada, como ela está, por todos os lados, por divisões e clivagens, uma nova abordagem deve ser encontrada para os muitos problemas que a assolam. Sem uma nova abordagem, há pouca dúvida, um futuro ameaçador aguarda a humanidade.

Historicamente, não há precedentes para a presente situação e condições na Terra. Nunca antes tantas almas coexistiram no planeta. Dificilmente, se já ocorreu alguma vez, a divisão entre grupos foi tão dolorosa e profunda. Nunca o homem controlou tais forças de destruição como ele agora controla, dando a ele o poder de destruir a vida em cada reino. Quando tal destruição está próxima, o homem deve fazer um balanço e inventar novas formas de se agir.

De todos os caminhos possíveis, ainda existe um que não foi tentado. Pela história, uma única resposta eludiu a consciência do homem. O princípio da Partilha é o único que irá satisfazer as necessidades dos homens e resolver seus vários problemas, pois ele é fundamental para o Plano do Próprio Deus. Sem partilha, o homem nega sua divindade e guarda para ele todas as futuras desgraças. Sem partilha, caos profano reina e nega ao homem a Justiça que é sua por direito. A partilha, apenas, oferece a oportunidade de estabelecer o Plano de Fraternidade de Deus e remover do mundo para sempre o pecado da separação.

Como, sem partilha, pode o homem prosseguir? Como, sem partilha, ele pode esperar sobreviver? Tão grandes são os perigos no presente desequilíbrio entre as nações que, apenas a sorte, não seria o suficiente para sobrevivermos. Uma doença mortal—separação e ganância—prevalece na Terra, e chama por medidas drásticas para realizar uma cura.

A cura mais simples está em nossas mãos, apesar do caos exterior. O longo teste da humanidade está logo terminando. Combatendo as forças que ainda dominam o homem, a Hierarquia da Luz revê Seus passos e permanece unida sobre a bandeira da Verdade.

A missão de Maitreya começa com um apelo aos homens para partilharem. Seu conhecimento dos corações dos homens O deixa certo da prontidão deles em fazer as mudanças necessárias. "O homem deve mudar ou morrer", Ele disse, sabendo bem que os homens escolherão partilhar, viver e criarem com Ele um futuro melhor.

Até agora, todos os esforços para resolver os problemas dos homens foram direcionados para se manter as presentes estruturas, não importa o quão injustas elas se provaram ser. As clivagens em cada lugar gritam por resolução, e aguardam a aplicação da Lei da Justiça.

O medo controla muitos hoje, conforme eles ouvem seus líderes discutirem; o tempo está chegando onde eles deixarão seus líderes para trás. O homem está despertando para o chamado de liberdade e precisa apenas de uma verdadeira liderança para arrumar o mundo. Maitreya veio para mostrar o caminho e guiar os homens para a fraternidade e justiça. Uma nova era se abre diante de Sua sábia direção, que demonstrará a verdadeira divindade do homem, estabelecendo os meios para a partilha e a co-operação, e assim cumprindo o Plano de Deus.

(Share International, Março 1987)

PARTILHA—O ÚNICO CAMINHO PARA PAZ

P. Você poderia gentilmente delinear os passos práticos que as nações devem tomar para implementarem a partilha mundial? (Abril 2008)

R. Há um grupo de Mestres que já estão no mundo, 14 Mestres e Maitreya. Seus discípulos criaram uma série de planos alternativos, inter-relacionados, modelos que, se implementados, resolveriam o problema de distribuição no centro do problema econômico hoje. Os recursos estão aqui. Há mais comida no mundo do que nós precisamos, muito dela apodrecendo nos armazéns do mundo desenvolvido, enquanto milhões morrem de fome em outros lugares. Estes planos inter-relacionados delineiam um método muito simples de redistribuição. Existem vários planos, mas este é o mais simples e melhor. A humanidade pode ou não adotá-lo, mas uma certa variação dele pode ser aceitável. Inicialmente, a cada nação seria pedido para tornar conhecido o que ela faz, o que cultiva, e o que ela importa. Desta forma, os bens gerais da Terra seriam conhecidos. A cada nação seria pedido para doar a um reservatório central aquilo que ela tem em excesso em relação as suas necessidades.

As nações ricas e poderosas, obviamente, doariam mais, porque elas têm muito excesso. As nações mais pobres doariam menos, porque elas têm menos, mas todas doariam aquilo que elas têm em excesso em relação as suas necessidades. Deste reservatório central, criado por todas as nações, as necessidades de todos seriam satisfeitas. Isso é levar em consideração as necessidades do planeta.

Nós arruinamos e devastamos o planeta. Nós abusamos dele, e agora, ele está doente. Este plano de redistribuição levaria em conta o que nós precisamos fazer, por exemplo, em um mundo que está se tornando cada vez mais carente de árvores. Nós precisamos plantar mais árvores, e nunca utilizá-las além de um certo número. Nós conseguimos o nosso oxigênio do reino vegetal, e, ao mesmo tempo, o reino vegetal é um ótimo absorvente de dióxido de carbono. Então, quanto mais árvores nós destruirmos, menos oxigênio nós teremos, e mais "pegadas de carbono" nós criamos. Oitenta por centro do aquecimento global é causado pela própria humanidade.

Então, há aqueles como o Presidente Americano [George W. Bush] que declaram que não existe aquecimento global. "Ele não existe", ele diz. Este é um país que produz 25 por cento da poluição do mundo! Um país produz um quarto da poluição do mundo e nega os seus efeitos.

P. A partilha é um objetivo admirável, e também o que é necessário no mundo, mas é algo que as pessoas são menos propensas a fazer. Apenas dê uma olhada ao redor. Até mesmo pessoas que parecem "boas" não parecem estar dispostas a fazerem isso. Egoísmo, parece, é pandêmico. Eu me pergunto o que precisa acontecer para mudar esta forma de pensamento. Estar disposto a partilhar é algo muito diferente de ser forçado a partilhar. O que Maitreya tem nas mangas para mudar a forma de pensamento de 6 bilhões de pessoas, além das experiências do Dia da Declaração, que eu não acho que serão o suficiente para fazê-lo, já que muitos a considerarão como uma fraude, alucinação, etc? (Maio 2008)

R. Esta é uma reação bem comum à minha informação, mesmo vindo de pessoas que não tem nenhuma dificuldade em aceitarem a existência dos Mestres ou Maitreya, ou a necessidade urgente de partilha como o único caminho para justiça e paz. No entanto, eu acredito que ela está profundamente errada. É verdade que nós caímos em um profundo materialismo, que se demonstra no controle que a comercialização tem em cada aspecto de nossas vidas. Comercialização, Maitreya avisa, é mais perigosa para a humanidade do que uma bomba atômica.

Um dos problemas é a dificuldade que a pessoa comum têm em visualizar os meios pelos quais a partilha ocorrerá. As pessoas tendem a pensar em partilha puramente em termos pessoais: elas se imaginam sendo pessoalmente forçadas a partilharem sua renda com estranhos ao redor do mundo. O princípio da partilha, quando a humanidade ver a necessidade, será organizado globalmente, com cada nação dando a um reservatório central, apenas aquilo que ela tem em excesso. Do reservatório comum, as necessidades de todos serão satisfeitas.

Isto não ocorrerá a não ser, e até que a humanidade aceite, o princípio da partilha. Nosso livre arbítrio nunca será infringido pelos Mestres. Na verdade, no mundo real (não o mundo comercial), nós não temos nenhuma opção, a não ser partilharmos. Cada outro método foi tentado e falhou, e levou ao presente lamentável estado da estrutura econômica mundial (que está oscilando e é muito instável), e que levou a ecologia do planeta a um desequilíbrio perigoso. Apenas a partilha pode estabelecer a necessária confiança necessária entre as nações para se resolver os muitos perigosos problemas que a humanidade encara. O que Maitreya tem em "Suas mangas" para nos persuadir a fazer a coisa certa e salvar nosso planeta? Sua energia do Amor, que vai direto ao coração e faz surgir o melhor nos homens e mulheres. Ninguém conhece o poder de Maitreya.

P. A Comercialização parece estar vencendo—se você dar uma olhada nas compras de Natal ou nos fogos de Ano Novo ao redor do mundo, e todos os gastos em compras. A cultura popular (tão chamada) parece ser um veículo

para a comercialização. Seus comentários, por favor.
(Janeiro/Fevereiro 2007)
R. A comercialização não está ganhando. Ela está, no entanto, crescendo e atingindo um clímax de influência em todos os aspectos de nossas vidas. Por causa das forças de mercado (que Maitreya chama de "forças do mal"), a comercialização entrou nas vidas de todas as pessoas, e o Natal não é nenhuma exceção em relação a esta tendência. Ela continuará, até que nós despertemos e percebamos como os valores do comércio estão tirando, de cada ato humano, a reverência pela vida.

Partilha, nós eventualmente descobriremos, é a única resposta para a crescente alienação das "eternas verdades". Maitreya diz que a comercialização é mais perigosa do que uma bomba atômica.

P. Eu estou consciente da importância das prioridades de Maitreya, mas como nós podemos aplica-las até mesmo no mundo dos negócios? (Junho 2007)
R. Pense em qual é essência delas. A essência das prioridades de Maitreya é o princípio da partilha.

Você pode começar um negócio como o chefe, empregar 20 pessoas, pagá-las o mínimo possível, e fazê-las trabalhar o maior número de horas pelo menor salário. Isto é comum hoje. Isto é chamado de o efeito das forças de mercado. Ela retira a vida da vida. As forças de mercado transformam as pessoas em robôs, peões que são movimentados por pessoas no poder. Isto está ocorrendo em todo o mundo. As pessoas veem isto ocorrendo de forma tão rápida e sutil, que elas não a aceitam. Por que eu estou ganhando menos por hora, trabalhando mais horas do que eu trabalhava a 10 anos atrás? Por que o meu padrão de vida caiu, embora se diz que aquele do país como um todo subiu?

Então o que você faz? Você pode começar o seu novo negócio de forma co-operativa. Você emprega 20 pessoas, por exemplo, e partilha o dinheiro que vocês conseguem. Ninguém ganha mais do que o outro. Todos trabalham o mesmo que todos. Você tenta manter as horas de trabalho no mínimo e paga a todos o máximo pelo que eles fazem. É a fórmula da Nova Era. Quando você começa a trabalhar desta forma, você entende o que se quer dizer por síntese; desta forma, você cria grupos. A energia de Aquário trabalha apenas de forma sintética—através de grupos. Ela não tem aplicação individual.

Você precisa transformar toda a sua idéia de conseguir dinheiro e se tornar rico. Se você fizer isso do jeito Aquariano, você não se tornará fantasticamente rico, mas todos vocês se tornarão ricos.

Maitreya diz que a economia de um país é como uma carroça. Ela precisa de duas rodas—capitalismo e socialismo. Você precisa de uma combinação destes dois. Do ponto de vista dos Mestres, a melhor combinação é a de 70 por cento socialismo e 30 por cento capitalismo. Esta é a melhor forma para se criar o máximo de bem estar para todas as pessoas em um país.

P. (1) Agora que o congresso dos EUA aprovou um plano de resgate financeiro, o quão perto os EUA e o mundo estão de uma quebra mundial das bolsas de valores que a Share International tem previsto? (2) Nós estamos nos caminhando para um colapso econômico total, uma depressão mundial, ou (3) os problemas econômicos que nós estamos enfrentando são mais limitados em extensão? (Novembro 2008)
R. (1) Esta é a quebra. Nós não poderíamos estar mais próximos. (2) Não total, talvez, mas bem extensa. (3)Não. Todo o sistema econômico e pensamento devem ser transformados. Nós precisaremos da adoção do princípio da partilha para fazermos isso.

P. A mensagem de partilha de Maitreya será mais difícil de ser aceita por algumas pessoas agora, dada que a situação econômica de muitos milhões nos EUA e em outras nações desenvolvidas é crescentemente precária? (Novembro 2008)

R. Ao contrário, ela mostrará a estas nações que os antigos gananciosos e egoístas métodos não funcionam de uma forma racional. Apenas a partilha, no final, trará estabilidade, justiça e a paz que nós desejamos.

P. O Fundo Monetário Internacional parece estar ganhando um novo nível de importância conforme cada vez mais economias começam a sofrer colapso econômico. O que poderia ou deveria ocorrer com o FMI? Ele também está destinado a desaparecer junto com outros órgãos que ajudam a manter o capitalismo tradicional? (Dezembro 2008)

R. O FMI é visto com extrema desconfiança e desdém, principalmente pelos países em desenvolvimento que chegaram as suas portas em desespero. Continuamente, foi dado dinheiro a países, que eles não precisavam, as custas do seu livre arbítrio e o direito de se desenvolverem de acordo com suas tradições. Estes países foram forçados a cultivar comida, por exemplo, em uma grande escala, para o mercado estrangeiro e a comprar a comida para o seu povo do exterior. Ele é útil para países no momento, quando eles estão sofrendo da atual crise econômica, mas eventualmente, quando o princípio da partilha reinar, ele será abandonado, e fechará as suas portas. Ele tem sido, descaradamente, uma ferramenta usada puramente para fins políticos.

P. Muitos países estão começando a sofrer os efeitos do colapso econômico. Vastas quantidades de dinheiro estão sendo prometidas para fortalecer indústrias com problemas e o setor financeiro, mas certamente, são as pessoas comuns que estão sofrendo ainda mais do que o comum. O que os Mestres podem fazer para ajudar aqueles que já são pobres e aqueles agora contraindo dívidas, sem casa e sem emprego? (Janeiro/Fevereiro 2009)

R. Não é o papel dos Mestres resolver os nossos problemas. Nós somos responsáveis pelo caos. Diretamente interferir seria um infringimento de nosso livre arbítrio. Durante os "bons tempos", a maioria das pessoas pensaram pouco nos pobres e sem-teto. Os Mestre dão o ensinamento que poderia livrar o mundo rapidamente da pobreza e da guerra.

P.Muitas pessoas parecem nervosas em relação a saúde econômica de seus países atualmente, mas ainda há economistas prometendo que uma reviravolta está prestes a ocorrer, que este é apenas um "ajustamento saudável". As pessoas não sabem como agir—economizar, gastar, investir ou continuarem a fazer o de costume. Seus comentários, por favor. (Janeiro/Fevereiro 2009)

R. Como o Mestre diz tão claramente, esta não é uma "queda temporária", ou "ajuste saudável" pelo qual estamos passando, mas o colapso da antiga, injusta ordem. É necessário, e inevitável também, o resultado lógico de nossa ganância e egoísmo. Meu conselho, se você quiser dar valor a ele, é o de economizar e aprender a viver de forma mais simples. Isto todos nós teremos que fazer, para que os outros possam viver bem.

P. Se todas as nossas economias e fundos de pensão vão desaparecer, e se ninguém conseguirá comprar mais nada por causa da atual crise econômica, como o mundo pode continuar funcionando? (Janeiro/Fevereiro 2009)

R. O prognóstico não é tão negro e extremo como você acha. O básico continuará a ser feito e vendido—e Maitreya mostrará uma melhor, mais justa maneira de se viver. Você pode ver agora porque Maitreya teve que esperar por tanto tempo para falar publicamente. A humanidade, com exceção do mundo em desenvolvimento, estava vivendo em uma ilusão por anos, pensando que um sistema econômico totalmente injusto e corrupto poderia continuar para sempre. Ela se esqueceu do sempre crescente efeito das energias de Aquário.

P. Nós ouvimos muito nestes dias sobre "pacotes de resgate" para incentivar economias de países, assim como aumentar o gasto governamental na infraestrutura de seus países para criar empregos. Também, países já têm uma enorme quantidade de dívida nacional e externa, e estão imprimindo mais dinheiro do que deveriam. Tudo isto tornará ainda mais difícil mudar para uma economia baseada na partilha? As dívidas não precisam ser pagas primeiro? (Janeiro/Fevereiro 2009)
R. Estas políticas de gasto de dinheiro não funcionarão. Este não é o New Deal de Roosevelt. Os tempos são diferentes, embora a situação atual tenha semelhanças com aquela dos anos 1930. Este é o fim de uma Era, e ordem (ou desordem), e não é apenas uma tempestade passageira. Isto ajudará as pessoas a verem a partilha como a única forma de se reestruturar a economia mundial.

P. Por que Maitreya não aparece utilizando Seu verdadeiro nome nas entrevistas de televisão? Eu acho que seria melhor. (Julho/Agosto 2010)
R. Desculpe, mas Maitreya não concorda com você. Muitas pessoas querem que o mundo mude, mas elas são passivas. Elas querem que isto ocorra magicamente. Elas veem Maitreya como um grande avatar, e portanto, acham que é o Seu trabalho. Não é. É o nosso trabalho. Há muito tempo atrás, Maitreya disse: "Cada pedra, cada tijolo da nova civilização deve ser colocado pela própria humanidade". Mais recentemente, Ele disse: "Eu sou o arquiteto, apenas, do plano. Vocês, Meus irmãos, são os dispostos construtores do Templo da Verdade".

Ele precisa saber, e saberá, que quando as pessoas responderem às Suas idéias, elas irão querer as mudanças no mundo que Ele está falando; não por causa do Seu status, não porque Ele é o Instrutor do Mundo. Se um Instrutor do Mundo diz que nós devemos compartilhar, é mais fácil de acreditar no Instrutor do que ver por si mesmo que a partilha é a única resposta possível para os nossos problemas.

Quando você ver que a partilha é o único caminho para a justiça, e portanto, para paz, você estará dando um passo espiritual interno em direção à consciência. Nem todos veem isso. Por que você vê isso? Porque você tem esta consciência espiritual. É o resultado de uma conscientização interna. Mas se você apenas aceitá-la, porque você reconheceu Maitreya, não significa que você está consciente da necessidade. Ele precisa saber que pessoas o suficiente estão respondendo de suas próprias consciências espirituais.

Por que milhões de pessoas não compartilham agora? Por que as pessoas não veem internamente que a partilha é uma coisa natural em uma família de irmãos? Em uma casa, a mãe, o pai e as criança compartilham tudo. Semelhantemente, nós estamos em uma casa chamada Terra e nós somos irmãos e irmãs. Tudo na Terra pertence a todos, e portanto, deve ser partilhado. As necessidades de todos devem ser satisfeitas. Mas não está acontecendo. Por quê? Porque as pessoas não possuem esta consciência espiritual. Elas não fazem isso acontecer; elas não pensam nisso.

Nós temos livre arbítrio, nós podemos escolher compartilhar ou não. Se nós escolhermos seguir o conselho de Maitreya (se nós sabemos se é o Seu conselho ou não, é irrelevante) nós salvaremos o mundo. Se nós decidirmos, no entanto, que nós não queremos compartilhar, se não existirem pessoas o suficiente que queiram mudança, partilha e justiça, então nós nos destruiremos. É simples assim.

Maitreya sabe que existe uma "massa crítica" de 1.8 bilhões de pessoas prontas para adotar o Seu conselho. Quando estas 1.8 bilhões de pessoas mostrarem sua postura e demandarem que seus governos mudem seus jeitos de trabalharem e compartilharem os recursos do mundo, irá acontecer.

P. Maitreya disse que a Grã-Bretanha desenvolverá um modelo de arte de civilização. Ao que Maitreya está se referindo? (Maio 2011)
R. Uma civilização baseada em justiça econômica, liberdade política e ordem.

P. O voto Irlandês contra a União Européia coloca em questão a sua existência. A União Européia estava condenada desde o início? Ou ela poderá ser transformada em algo mais positivo, em linha com o modelo da Comunidade Britânica de Nações? Como a Hierarquia vê a União Européia? (Julho/Agosto 2008)
R. A União Européia foi fundada como um mercado econômico comum. Não faz parte do Plano da Hierarquia que os países individuais da Europa "se percam" e um Estado político da Europa unificado. Isto não deve ocorrer. A ideia de tal estado é guiada hoje pelas forças da comercialização e deve ser combatida.

P. Em muitos países, partidos políticos populistas e racistas estão ganhando força como nunca antes. A imigração é vista como o problema mais importante que as nações Ocidentais encaram, e fronteiras, que foram abertas nas décadas recentes, podem ser fechadas novamente. Também, cada vez mais pessoas estão convictas de que nós devemos ser menos generosos com o mundo em desenvolvimento, e primeiro resolvermos nossos próprios problemas. Como que nós deveremos lidar com estes partidos políticos populistas e racistas? Políticos sinceros (eles existem!) estão totalmente

desesperados, porque eles sentem que não possuem os meios para contra-atacarem as propostas desses populistas de soluções fáceis para problemas complicados. (Julho/Agosto 2011)
R. Será necessário que o Próprio Maitreya dê a "resposta" para este problema vexatório. A questão fundamental só poderá ser resolvida através da partilha.

P. É possível acreditar que a humanidade, em pouco tempo, poderá criar a paz universal e parar de produzir armas? Nós podemos esperar ver este dia, em pouco tempo? (Março 2009)
R. Há certamente uma grande decisão a ser feita pela humanidade, e existem muitas forças reacionárias no mundo que resistem a mudança. Guerra e a produção de armamentos são negócios muito produtivos para algumas pessoas que irão resistir a mudança até o final. O colapso atual da economia do mundo (apresentado como "queda" ou "recessão"), assinala o fim da velha ordem, e já está levando a uma mudança de atitude entre muitas pessoas, jovens e velhas. Quando estas mesmas pessoas ouvirem Maitreya falar sobre a necessidade de se simplificar e partilhar os recursos para se alcançar paz através da justiça, elas responderão de bom grado ao Seu chamado. Seus ensinamentos e apoio inspirarão uma enorme resposta de desejo pela partilha, justiça, e assim, paz. Depende de nós. Nós precisamos querer a paz o suficiente para desistirmos do passado e trabalharmos para a humanidade una. Eu tenho certeza que nós faremos isso.

P. Algum governo está começando a pensar na partilha? (Março 2007)
R. Nenhum dos governos de hoje está envolvido no processo de partilhar os recursos do mundo. É algo que poderia facilmente salvar o mundo, e mesmo assim, isto nunca foi visto como uma ideia séria. Todos os outros

métodos foram tentados e falharam, e isso, inevitavelmente, levou a dificuldades e a guerra.

P. Em contraposto as antigas tendências destrutivas do governo do Reino Unido, recentes pronunciamentos feitos neste país parecem estar em linha com as prioridades de Maitreya, em termos de perdão de dívida, a Comissão da África, etc. O seu Mestre poderia nos dar uma avaliação do estado de consciência da nação? (Pergunta da palestra de Benjamin Creme em Londres) (Julho/Agosto 2006)
R. A nação Britânica, de acordo com meu Mestre, é uma das mais evoluídas.

Membro da audiência: Nós todos sabemos!
R. Isto pode ser conhecido de uma forma que não é verdade, e não ser conhecido de uma forma que é verdade. Este é o ponto. As diferenças entre as nações são minúsculas. No entanto, existem três antigas nações que, por causa de suas idades, são um pouco mais desenvolvidas do que as outras. Elas são a Grã-Bretanha, França e Japão.

Membro da Audiência: E a Alemanha?
R. A Alemanha é uma nação jovem. O seu povo é muito antigo, mas como uma nação unificada, ela é jovem.

As nações Ocidentais estão começando a pelo menos focarem suas atenções na África, aliviando um pouco de sua dívida e algumas das piores condições da vida cotidiana de vários Africanos. Embora ainda não seja o suficiente, este é um sinal de que elas estão começando a responder às energias de Maitreya.

Estas energias estiveram fluindo no mundo pelos últimos 25 anos, mas leva tempo para elas serem absorvidas e para que ações comecem a serem realizadas tendo elas como impulso. Finalmente, a humanidade as absorveu o suficiente, os antigos padrões se dissolveram o suficiente, para permitirem uma nova visão geral e iniciativa que está sendo tomada, principalmente por Gordon Brown, Chanceler do Tesouro no Reino Unido.

P. Que país ou países estão respondendo de forma mais positiva às novas energias de Aquário? (Novembro 2006)
R. Grã-Bretanha, França, Holanda, Suécia, Noruega, Finlândia, Nova Zelândia, Brasil, Espanha, México.

P. Nós estamos vendo o fim do hipercapitalismo? (Novembro 2008)
R. Sim. De acordo com os Mestres, a melhor proporção para um bem sucedido, estável e justo governo é a de: 70 por cento de socialismo e 30 por cento de capitalismo. Atualmente, a proporção nos EUA é de 95 por cento capitalismo e 5 por cento socialismo. No Reino Unido é de 85 por cento capitalismo e 15 por cento socialismo. França e Alemanha têm praticamente a mesma proporção. A proporção na Escandinávia é de cerca de 40 por cento de capitalismo e 60 por cento de socialismo. Por este motivo, os países Escandinavos, com exceção da Islândia, são os mais estáveis e justos.

P. O que nós podemos fazer para nos livrarmos do capitalismo? (Julho/Agosto 2010)
R. Nós não nos livraremos do capitalismo, nós lhe daremos um espaço em nossa sociedade. Não é necessário pensar em extremos, em preto ou branco. Ninguém nunca pensa neles trabalhando juntos, mas Maitreya coloca desta maneira: pense numa carreta; se você tiver apenas uma roda—seja o capitalismo ou o socialismo—ela não irá andar. Todas as estruturas econômicas do futuro terão um equilíbrio entre o socialismo e o capitalismo. Hoje não existe nenhum país no mundo que possui o equilíbrio correto. O truque é conseguir o equilíbrio correto. Do ponto de vista dos

Mestres, o melhor equilíbrio é 30 por cento de capitalismo e 70 por cento de socialismo. Que países são os mais estáveis? Os países Escandinavos. Seus equilíbrios estão próximos de 60 por cento capitalismo e 40 por cento socialismo*, que ainda é bem longe do melhor equilíbrio, mas cria uma sociedade mais estável, que não possui nem grande riqueza ou pobreza. Ele torna uma sociedade estável com um governo estável.

Um dos maiores problemas do ponto de vista econômico é que um dos mais poderosos países, os Estados Unidos, é 95 por cento capitalista e 5 por cento socialista; na Europa é um pouco menos: entre 80 e 85 por cento capitalista e 20-25 socialista. O equilíbrio perfeito de 70 por cento socialismo e 30 por cento capitalismo funciona para todos. Você pode ver o quão longe estão as principais nações, e portanto, o quão fora de equilíbrio o mundo está. O Japão é cerca de 80 por cento capitalista e 20 por cento socialista. Não é uma questão de qual. É o correto equilíbrio entre os dois.

[*Esta proporção é diferente da pergunta anterior, que foi dada dois anos antes (Novembro 2008). A proporção muda, conforme a situação política de uma nação muda. Ela é fluída.]

P. O estado da economia mundial parece mais instável e insustentável do que antes; você pode comentar sobre esta crise atual? (Setembro 2011)
R. Esta crise econômica, ao redor do mundo, é inevitável. É um sintoma do fato de que os velhos princípios econômicos, que estiveram em vigor por vários séculos agora, não funcionam mais. O mundo mudou, os corações e mentes dos homens em todos os lugares mudaram—mais ou menos—e os países que compõem o todo estão em níveis muito desiguais de coesão econômica essencial para a estabilidade. É um sinal certo, previsto por Maitreya, há muito tempo, de que

apenas a partilha e a justiça podem propiciar o caminho correto em direção ao futuro.

P. Existe uma crise econômica geral ocorrendo de várias formas em várias partes diferentes do mundo, e os lideres atuais parecem sem ideias. De um lado, eles estão emitindo dinheiro, e de outro, eles estão realizando medidas de austeridade. As organizações financeiras, tais como bancos e corporações, continuam a serem excessivamente poderosa. Que passos urgentes devem ser tomados agora? (Setembro 2011)

R. Existe apenas uma maneira de resolver nossos problemas políticos e econômicos—é trazendo paz e prosperidade para todos. Apenas se aceitando a Unicidade da humanidade e a implementação da partilha e justiça social nos darão a confiança que é necessária para a paz. Seja lá que forma de manipulação financeira que tentemos, nada irá trazer a paz que é necessária para a sobrevivência, que não seja através da implementação da partilha e da justiça.

P. Eu li que Maitreya, seu Mestre e você mesmo acham que a comercialização é destrutiva. Por quê? O mundo sempre comercializou. O que há de tão errado na comercialização? (Outubro 2011)

R. Existe uma diferença entre "comércio", por exemplo, trocas, e o efeito da comercialização. Comércio é uma forma legitima de trocar bens e, como você diz, foi feito por eras incontáveis. Comercialização é uma situação na qual fazer dinheiro (lucro) entra em cada campo possível da atividade humana. Até mesmo a provisão de cuidados de saúde e educação se tornam assuntos para este materialismo grosseiro.

Hoje, a comercialização não conhece fronteiras e não pode ser contida. Cada serviço é considerado como uma commodity, que pode ser comprada e vendida à vontade. Esta prática degradante está no cerne dos nossos problemas de hoje.

P. Como os países que estão lutando financeiramente agora serão capazes de satisfazer as necessidades de suas populações, conforme o sistema econômico entra em colapso? Milhões já passam fome—agora mais e mais pessoas no rico ocidente também estão começando a sentir os efeitos da crise. (Novembro 2011)
R. O mundo precisa ver que isso é inevitável. É a "experiência selvagem". Nada irá radicalmente mudar a não ser que as pessoas vejam isto e procurem por uma maneira alternativa de viverem: isto é, adotando partilha, e então justiça e paz.

P. A morte final deste sistema econômico é dolorosamente lenta, devido, é lógico, a manipulações que estão ocorrendo como salvamentos, aumentos do teto da dívida e políticas de corte e queima de serviços públicos, sistemas de bem-estar, etc. Chegará um momento, daqui pouco tempo, quando os mercados finalmente irão chegar ao fundo do poço e esta lenta morte finalmente irá terminar, conforme os mercados globais e a economia chegam ao chão? (Novembro 2011)
R. Sim. Você pode chamar isso de lento, mas na verdade, visto de maneira desapaixonada, é notavelmente rápido.

P. Será necessário uma quebra nas bolsas de valores para fazer com que as mudanças realmente ocorram, em relação com a transformação da Organização Mundial de Comércio, o Fundo Monetário Internacional, o Banco Mundial, o Conselho de Segurança das Nações Unidas, entre outros? (Março 2011)
R. Eu acho que seria necessário uma séria perturbação nas bolsas de valores existentes, não necessariamente uma quebra total, mas uma perturbação muito séria da norma para mudar a opinião dos principais governos—

os governos do G8—afim de se fazer com que estas reformas ocorram. Nada ocorrerá ao Banco Mundial, ao Fundo Monetário Internacional e às outras organizações, a não ser que haja uma séria perturbação das "realidades" econômicas do presente. É a realidade que nós queremos. Tudo isto é uma fantasia e nós queremos a luz do dia. Ela virá até nós quando as pressões econômicas forem fortes o suficiente.

P. As energias de Aquário serão, em algum momento, potentes o suficiente para livrar o mundo dos sistemas monetário e econômico, e dos juros sobre o dinheiro que causam guerras e impedem a paz e partilha sobre as quais você fala? (Outubro 2010)
R. Sim, isso deve ocorrer em pouco tempo, antes de nós destruirmos o mundo. É urgente. Nós precisamos criar paz. Uma pequena guerra poderia se tornar uma guerra maior. Ela poderia se tornar nuclear e destruir todas as formas de vida. Nós, portanto, não temos nenhuma alternativa, a não ser a partilha.

P. Um ano atrás, Maitreya deu um passo à frente para começar Sua missão. Desde lá, Ele apareceu na TV americana 28 vezes. Os EUA estão piores agora do que estavam um ano antes. Assim também está o resto do mundo. A missão de Maitreya está falhando? Por que não há uma galvanização mais noticiável das massas à Sua presença e mensagem? Obrigado pela sua resposta e pelo seu bom trabalho. (Março 2011)
R. É verdade que, economicamente, tudo está, ou está tornando-se, pior. Este é o resultado inevitável de tentar continuar nos antigos caminhos do passado que não funcionam mais. Maitreya não veio para fazer os antigos métodos mais toleráveis, mas para mostrar o caminho (o único caminho) em direção ao futuro. A Humanidade possui os meios em suas mãos se ela quiser sobreviver: Partilha, Justiça e Liberdade para todos é a única

resposta aos nossos problemas. Em resposta às Suas ideias, olhe o que aconteceu no Egito (a "Primavera Árabe").

P. Maitreya irá nos inspirar a agir, partilhando, baseado em uma experiência que Ele nos dará de nossa unicidade? De outra forma, a humanidade será motivada a partilhar? (Janeiro/Fevereiro 1996)
R. A resposta para isso é sim, e não. Maitreya não irá forçar ninguém a partilhar, mas Ele falará sobre a necessidade de partilhar como a única forma de se produzir um sistema econômico racional que criará justiça. É a injustiça do presente sistema que o está levando aos joelhos. Ele está acabando porque a Era que o criou está acabando. Ele é uma forma decadente, corrupta e cristalizada que é boa para poucos e que causa problemas para muitos. É lógico, ele também causa problemas para os poucos os quais ele parece fazer algum bem. Ele está envenenando, dividindo e ameaçando o mundo, então ele precisa deixar de existir. Tudo isto será falado por Maitreya. Se isto não nos inspirar com a ideia da partilha, então nada irá.

Maitreya também liberará a Sua energia—o Princípio Crístico—em tremenda potência. Como o Próprio Maitreya disss: "Será como se eu abraçasse o mundo. As pessoas irão sentir até mesmo fisicamente". Se esta energia fluindo através de nós, além das palavras de Maitreya, analisando a situação econômica e o mal que ela está fazendo para a vida planetária, não nos motivarem a partilhar, então nada irá. Se isto não motivar a humanidade, então nós não aprenderemos a partilhar e destruiremos o mundo. Nós o temos em nossas mãos.

Aquele que fez esta pergunta, obviamente não tem muita fé na humanidade. "De outra forma, a humanidade será motivada a partilhar? ". A humanidade será motivada a partilhar pela análise dada por Maitreya

97

do que ocorrerá se nós não o fizermos, e também pela experiência do Princípio Crístico. É esta a experiência que Ele nos dará. O Princípio Crístico encarna o sentimento de unicidade. Ele é a energia magnética do amor cuja natureza é a unicidade. Amor é, acima de tudo, a energia inclusiva. Ele é aquilo que une, leva a união os blocos construtores da criação e os mantém magneticamente na unidade.

P. Como isso funcionará na prática? As mudanças ocorrerão nacionalmente? Por exemplo, nos EUA, nós diremos: "Nós precisamos mudar nossas prioridades"? Ou ocorrerá de forma internacional, através da ONU ou de outro fórum? (Julho/Agosto 1993)

R. Eu sugeriria uma combinação de ambos. A ONU se tornará a maior câmera de debate do mundo. Todos os problemas mundiais serão debatidos nela, e resoluções aprovadas irão implementar o novo sistema. Uma agência da ONU inteiramente nova será criada especificamente para supervisionar o processo de partilha dos recursos do mundo. Mas eu devo enfatizar que nós temos livre arbítrio. Nada será forçado sobre a humanidade. Quando a humanidade, de seu próprio livre arbítrio, aceitar o princípio da partilha e perguntar a Maitreya e Seu grupo de Mestres, como nós poderemos implementar a partilha, então nós descobriremos que o plano já está lá. Há um grupo de altos iniciados que trabalharam com os Mestres por muitos anos em uma série de planos inter-relacionados, que resolverão os problemas de redistribuição que estão no cerne dos problemas econômicos mundiais de hoje. É realmente um problema de redistribuição de recursos.

A redistribuição virá de uma mudança de consciência. A humanidade está se aproximando de um ponto no qual ela está passando por uma grande mudança de consciência, com as pessoas começando a se reconhecerem em relação uma as outras, e ao cosmos, a natureza, e para aquilo que nós normalmente chamamos de Deus, de uma forma totalmente diferente. Maitreya diz que tudo, cada coisa única no cosmos, está relacionada com tudo. Não há nenhuma separação em nenhum ponto. O que nós fazemos com nós mesmos, nós fazemos com a natureza. O que nós fazemos com a natureza, nós estamos fazendo com nós mesmos como Deus, porque nós somos reflexos, pontos de consciência daquela consciência total que nós chamamos Deus.

Por todo o cosmos, este processo é reencenado. Cada pensamento, cada ação está colocando em efeito uma causa. Os efeitos, saindo destas causas, criam a nossa vida. Se nós temos uma explosão nuclear subterrânea, por exemplo, nós certamente teremos um terremoto. Todo efeito sai de uma causa.

Maitreya enfatizará—e nós já deveríamos saber disso agora, nós tivemos milhares de anos para entender—que tudo na vida obedece a Lei de Causa e Efeito. Nós não podemos continuar criando condições erradas e esperarmos que não haverá nenhum efeito. Se nós criarmos condições de desequilíbrio em uma nação, inevitavelmente, nós teremos crimes. Apenas ao se criar uma força policial mais forte ou exército não resolverá o problema. Nós temos que combater a fonte do crime— desigualdade, desequilíbrio. Todo o processo de evolução está se dirigindo em direção a unicidade, fusão, síntese. As forças de mercado, que se baseiam na divisão, separação e competição, agem contra o processo evolucionário. É por isso que Maitreya as chama de "as forças do mal". Elas têm o seu papel, mas é um papel bem limitado. Quando elas são seguidas cegamente, elas levam inevitavelmente a destruição.

P. Maitreya estará aconselhando a humanidade abertamente? (Julho/Agosto 1993)
R. Sim. Ele virá adiante como o Instrutor do Mundo para todos os grupos, religiosos e não religiosos. Ele será

visto pelos grupos religiosos como o aguardado Instrutor deles—o Cristo para Cristãos, Buda Maitreya para Budistas, Messias para os Judeus, Imam Mahdi para os Mulçumanos, e Krishna para os Hindus. Na verdade, ele é um instrutor, um educador, para toda a humanidade, nos mostrando como poderemos nos tornar aquilo que somos, seres espirituais, e portanto, como criar um ambiente no qual esta espiritualidade poderá ser expressa. Ela não pode ser expressa no meio dessas divisões e separações, esta competição baseada em forças de mercado.

A VOZ DAS PESSOAS

O CAMINHO PARA UNIDADE

pelo Mestre —, através de Benjamin Creme

Quando a história deste tempo único for escrita, os homens perceberão, talvez pela primeira vez, quão importante, quão central, foram os eventos recentes no Oriente Médio. Em surpreendentes seis meses, seguindo o exemplo das pessoas da Tunísia e do Egito, os habitantes de muitos países do Oriente Médio, subjugados e presos em regimes ditatoriais tribais de séculos, ergueram-se e exigiram seus direitos por liberdade e democracia, por justiça social e trabalho. O que a mídia chama de "Primavera Árabe" está custando muitas vidas e muito sofrimento à estas corajosas pessoas que morrem de bom grado pela liberdade de seus irmãos e crianças. Eles são chamados de, e são de fato, mártires.

De agora em diante, este mesmo fenômeno irá se manifestar ao redor do mundo. Já, muitas pessoas estão se organizando de forma semelhante. Um modelo para a mudança tomou conta da imaginação de muitos milhões e logo irá dominar a atenção do mundo. Os homens entenderam que, quando organizados e com coragem, eles são invencíveis. Nada pode barrar este movimento pela mudança. Ele encarna os conceitos do futuro e do Plano. A ele, Maitreya deu voz, que é agora a voz das pessoas do mundo.

A velha ordem procura de toda maneira barrar o progresso deste movimento de mudança, mas ela não pode se colocar para sempre contra os princípios da vida: sempre mudando, sempre refazendo sua forma, afim de expressar melhor a natureza dessa vida. Assim ela é hoje, e assim, o antigo irá murchar e o novo irá florescer, conforme o homem buscar expressar e

101

manifestar melhor os princípios do Novo Tempo: partilha, justiça, corretas relações, amor e unidade.

O homem, verdadeiramente, está em seu caminho. Nada pode barrar seu progresso futuro se ele pensar em termos de Unidade. Todos os homens buscam a Unidade, mas se confundem por diferentes caminhos. Mantenham sempre diante de vocês os princípios da Unidade e Amor, e o caminho se revelará.

Assim falou Maitreya no Cairo, na Praça Tahir. Os melhores daqueles que O ouviram irão liderar seus irmãos e irmãs e mostrar-lhes o caminho, o simples caminho para a Fraternidade e Paz, Justiça e Amor manifestado.

(Share International, Julho/Agosto 2011)

JOVENS NO LEME

pelo Mestre —, através de Benjamin Creme

Este ano, 2012, é um de grande importância. É essencial que o ímpeto da Primavera Árabe, e suas repercussões através do mundo, não sejam perdidos. A Voz das Pessoas, tão vigorosa e confiante agora, deve continuar a ressoar através de todo o mundo, afirmando Partilha e Justiça como a única maneira de produzir confiança e um mundo mais seguro para todos. O remédio para os males do homem é tão simples, tão fácil de ser alcançado, ainda assim tão difícil para muitos perceberem. O homem deve perceber que todo outro método foi tentado e falhou, terminando inevitavelmente em guerra.

Hoje, que todos estejam assegurados, outra grande guerra seria nuclear, e iria destruir, completamente, toda a vida na Terra. Hoje, também, existem forças que já estão planejando como melhor sobreviver a tal aniquilação, todas em vão. O que pode, e deve, a humanidade fazer?

Falando de forma geral, os governos hoje são organizações de homens velhos que não sabem nenhuma outra forma de trabalhar e governar do que as maneiras de sua juventude, os métodos do passado. Eles têm pouca percepção do por que seus métodos não funcionam mais. Eles não sabem nada das novas energias e impulsos que inundam o mundo hoje, e estão perplexos e traídos por suas inabilidades em controlar eventos.

Em grande extensão, a Voz das Pessoas é a voz dos jovens. Governos, e a mídia sobre seus controles, grandemente ignoram ou difamam as vozes e aspirações dos jovens; mesmo assim, é o jovem que possui as respostas, que compreende que a humanidade é Una, e chama por igualdade, justiça e partilha, e um fim para a guerra. A voz de tais jovens não pode ser silenciada para sempre, e não será por muito tempo ignorada. A Voz das Pessoas, jovens e velhos, irá afogar os choramingos dos homens de dinheiro e levar a humanidade para o Novo Amanhecer. Assim será.

(Share International, Abril 2012)

O DESPERTAR DAS PESSOAS

P. Como as pessoas podem obter uma maior diversidade na representação política? (Março 2007)
R. As pessoas precisam fazer com que suas demandas sejam conhecidas e agir. Você precisa agir. Maitreya diz: "Nada acontece sozinho. O homem deve agir e implementar a sua vontade". Se nós quisermos o processo de partilha, nós precisaremos forçar os governos a o aceitarem. Os governos estão aqui para servir as pessoas e eles continuarão a servir as pessoas da forma que eles servem hoje. Mas se você quiser mudança, se você quiser representação, você precisa força-las sobre os governos. Eu tenho certeza que as pessoas realmente querem maior representação, o que significa tirar um pouco do poder das poucas mãos que, na maioria dos casos, controlam os governos no mundo. Elas não abrirão mão de seus poderes voluntariamente. Mas quando as pessoas exigirem isso, quando, todo dia, ocorrer uma marcha, milhares, centenas de pessoas que encherão as praças e ruas das cidades e se recusarão a se mexer, então elas poderão influenciar qualquer governo. Nós já vimos isso.

P. Uma constituição garante os direitos das pessoas? (Março 2007)
R. Depende do sistema. Na Grã-Bretanha, nós não temos uma constituição, mas temos um sistema relativamente justo de governo.

Nos EUA, as pessoas falam muito sobre a constituição e os direitos das pessoas, mas em prática, os direitos das pessoas garantidos na constituição são infringidos pela presente administração. Toda autocracia no mundo se comporta da mesma forma, não importa o que diz a constituição.

P. Os monges Budistas que estavam protestando contra o governo na Birmânia foram inspirados por Maitreya? (Março 2008)

R. Não, eles não foram inspirados por Maitreya, não diretamente, mas eles foram inspirados pela energia que Maitreya traz ao mundo. Isto cria o desejo nas pessoas, em todos os lugares, por liberdade, justiça, por, em outras palavras, corretas ralações. Se não existir liberdade ou justiça, não poderá existir paz ou corretas relações.

Você pode ver isso ao redor do mundo. As pessoas em todos os lugares estão exigindo seus direitos: liberdade, justiça e partilha dos recursos do mundo. Tudo isto vem da resposta delas a energia e, até certa extensão, aos pensamentos e ideias de Maitreya, de um nível sutil.

Você verá, quando Maitreya falar na televisão e no rádio, quantos milhares de pessoas dirão: "É isso o que queremos. Nós queremos isso; nós queremos corretas relações. Nós queremos o fim da guerra, terrorismo e fome", e por aí vai.

A humanidade, então, será estimulada e inspirada a exigir estas coisas. Desta forma, a educada, focada vontade da humanidade criará uma opinião pública mundial contra a guerra, o terrorismo, e pedirá por justiça e partilha. Assim, Maitryea não imporá, mas a humanidade, estimulada por Maitreya, fará o trabalho.

Milhões já estão marchando pelo mundo, não todo dia ou semana, mas esta ação crescerá cada vez mais, até que os governos do mundo verão milhares, e algumas vezes, milhões de pessoas exigindo seus direitos, exigindo trabalho, paz, justiça, ou partilha, até que os governos tenham que concedê-los.

Maitreya está estimulando isto a todo momento. Ele vai para todas as grandes manifestações. Em cada grande manifestação, Maitreya está lá, por uma parte do tempo.

P. Para alguns críticos, marchas, protestos e manifestações são atos anárquicos, minando os verdadeiros mecanismos da democracia. Seus pensamentos, por favor. (Julho/Agosto 2008)

R. É verdade que o crescente preço de alimentos, petróleo, e a falta local de comida são as principais causas, ao invés de causas internacionais mais abstratas como Justiça e Paz, mas elas são um passo na direção necessária.

P. Vinte anos atrás, houve uma enorme onda de poder popular, a queda da antiga ordem e o fim da Guerra Fria—uma mudança definida no clima político mundial. Repentinamente, liberdade e novas possibilidades estavam no ar. (1) O que causou estas mudanças extraordinárias? (2) Você acha que elas levaram a um mundo melhor? (3) Quando o comunismo entrou em colapso, ele deixou um vácuo para a comercialização e os problemas que ela traz, como a criminalidade. A vida melhorou na antiga União Soviética? (Dezembro 2009)

R. (1) O fim da Guerra Fria foi previsto por Maitreya e foi colocado em movimento por Ele, quando Ele sugeriu ao Sr. Gorbachev ir aos EUA e falar sobre paz com o Presidente Reagan. Ele também incluiu o conselho que Maitreya deu ao Sr. Gorbachev de abrir a União Soviética para a perestroika (reforma estrutural) e glasnot (liberação). O conselho de Maitreya foi levado adiante pelo Sr. Gorbachev, mas infelizmente, no processo, ele foi retirado do cargo. (2) Sim. (3) De forma geral, sim.

P. Em anos recentes, a América do Sul e Central viram o surgimento de movimentos populares que mudaram efetivamente o status quo. Estes movimentos elegeram Hugo Chavez na Venezuela, Evo Morales na Bolívia e Rafael Correa no Equador, entre outros. Estas são algumas das mudanças positivas que ocorreram devido as

107

novas energias, incluindo aquelas liberadas por Maitreya, no mundo? (Março 2007)
R. Sim. Elas são também a expressão do despertar da humanidade, em um nível de base, à necessidade da transformação da economia do mundo.

P. A administração dos EUA teme o poder popular—tanto dentro dos EUA como na América Latina? (Janeiro/Fevereiro 2006)
R. Sim, mas a administração Americana não está sozinha ao temer o poder popular. Cada vez mais, todos os governos estão começando a temer esta ameaça a sua dominação. Eles tentarão controla-la de todas as formas que puderem, mas eles não podem impedir que o maior poder na terra se erga e cumpra seu destino.

P. Qual é a relação entre os recentes eventos no Oriente Médio e a aparição e apoio de Maitreya e a Hierarquia de Mestres? (Abril 2011)
R. As pessoas do Oriente Médio, e do mundo em geral, estão começando a encontrar as suas vozes. Isto não é apenas em resposta às idéias de Maitreya, mas foi previsto por Ele.

P. Maitreya diz que "poder virá das pessoas". (1) Este "poder das pessoas, que nós estamos testemunhando agora no Egito, é o tipo de poder sobre o qual Maitreya está falando? (2) Este tipo de movimento começará agora a se espalhar pelo globo com mais força, conforme nós chegamos (como seu Mestre diz) mais próximo do Dia da Declaração? (Abril 2011)
R. (1) Sim. (2) Sim.

P. As notícias contínuas sobre a Primavera Árabe são maravilhosas, mas seria muito triste se os países voltassem aos antigos modos de desigualdade quanto às mulheres. Negociações quanto à Lei da Sharia já estão nas notícias e tristemente, as mulheres parecem estar bem abaixo na lista de prioridades. Isto é algo com o qual apenas Maitreya pode lidar? (Dezembro 2011)

R. Seria triste de fato se os grupos Árabes atendessem a presente promessa por liberdade e democracia sem estendê-la à todas as mulheres Árabes. Pessoalmente, eu não espero que este seja o caso, por exemplo, no Egito, Tunísia ou Líbia.

Muitas mulheres árabes "libertadas" não se opõem muito à Lei da Sharia, vendo-a como racional e útil em muitos casos e elas até mesmo se prepararam para limitar suas próprias liberdades se necessário. É necessário que se lembre que a liberdade para as mulheres em muitos países Árabes foi por muito tempo não existente, e que mudanças levam tempo.

Se nós acreditarmos na democracia, nós também temos que acreditar que os Mulçumanos possuem o direito de fazerem suas próprias escolhas quanto às leis. Eu não tenho dúvidas que alguns dos mais severos aspectos da Lei da Sharia, particularmente como são usados em lugares como o Afeganistão, necessitarão da amplitude de visão de Maitreya para moderá-los.

P. Uma recente manifestação e protesto por parte de Cristãos Copta no Cairo, Egito, foi brutalmente reprimida pelo exército em poder. Passos em direção à democracia parecem ser lentos e restritos pelo governo. A verdadeira democracia realmente ocorrerá no Egito? (Novembro 2011)

R. Sim, de fato, mas irá levar mais tempo. As forças contra a democracia—o exército no poder, os interesses financeiros da direita—ainda são muitos poderosos. A queda de Mubarak foi por si mesma, um milagre que tem reverberado através do Oriente Médio e está inspirando as vozes das pessoas através do mundo, incluindo nos EUA.

P. As pessoas do Egito e do Japão mostraram ao mundo lições de disciplina, igualdade e apoio coletivo. Que fatores os fazem tão exemplares? São suas histórias, por exemplo? (Maio 2011)

R. Sim, principalmente. Também, no Egito, Maitreya passou três semanas no Cairo, muito do tempo com os protestantes na Praça Thair. No Japão, Maitreya e outros Mestres passaram muito tempo na catástrofe (terremotos, tsunamis e desastres em usinas nucleares) salvando e consolando as pessoas.

P. Eu li algumas das suas críticas sobre o mundo desenvolvido em relação a fome. Além de escrever ao meu congressista, que, por experiência não faz muitas coisas boas, o que mais eu, apenas um homem, pode fazer? (Janeiro/Fevereiro 2006)

R. Continue escrevendo, marchando e demonstrando que você é um homem de sentimento e coração. Você é apenas um homem, mas existem milhões como você no mundo.

P. (1) Você acha que nós, algum dia, veremos o poder das pessoas nos EUA igual àquele agora ocorrendo no Oriente Médio e no Norte da África? (2) Se sim, quanto ao que os Americanos devem protestar? (Maio 2011)

R. (1) Sim, certamente; o mundo aguarda pela manifestação da alma Americana, que, eu acredito, irá ocorrer depois do Dia da Declaração. No entanto, foi o poder das pessoas que forçou os EUA a retirarem suas tropas do Vietnã e foi o poder das pessoas que terminou com o "apartheid" nos EUA. (2) Os EUA são enorme e possuem uma população de cerca de 300 milhões de pessoas com pontos de vistas politico e econômico diferentes, dando várias razões para as quais alguns grupos protestarem contra ou à favor de algo.

110

P. Você acha que o novo movimento populista nos EUA, que começou como "OccupyWallStreet" e que agora se espalhou rapidamente para outras cidades, é um movimento viável? (Novembro 2011)
R. Sim. É o começo da transformação nos EUA.

P. É o movimento "Occupy"—que está brotando ao redor dos EUA agora em reação às manifestações do OccupyWallStreet—o tipo de expressão de poder das pessoas que Maitreya está procurando para galvanizar e espalhar ao redor do mundo? (Novembro 2011)
R. É parte dele. Pelo menos no começo, diferentes grupos em diferentes países irão usar diferentes métodos para que ela ocorra.

P. O movimento Occupy nos Estados Unidos foi criticado por algumas pessoas por não ter um conjunto específico de demandas—que pressionariam o governo dos EUA a fazerem mudanças específicas. Outros dizem que o movimento Occupy não é um movimento político, e que eles estão tentando criar algo novo, e mais amplamente baseado em se mudar a sociedade fundamentalmente. Qual a sua visão sobre isto? (Dezembro 2011)
R. Eu concordo com a segunda ideia. Não haveriam fim às demandas, e portanto, não haveria ação se esta fosse a única intenção.

P. Para mim, o movimento Occupy (que eu apoio 100% como sendo parte dos 99%!) em Londres criou uma distração por ter se acampado do lado de fora da Catedral de São Paulo. Certamente o assunto é injustiça social e econômica, corrupção, lucro sendo colocado antes das pessoas, e não a localização do acampamento dos manifestantes? No entanto, estar do lado de fora de Catedral de São Paulo, Londres, está fazendo o clérigo pensar sobre suas posições quanto ao dinheiro e ao comércio e investimento éticos; Jesus colocou os credores

de dinheiro e comerciantes para fora do templo: qual é a sua opinião sobre a situação? (Dezembro 2011)
R. Esta localização para o movimento Occupy pode não ser totalmente apropriada, mas ela resultou em uma demonstração incomum de unidade dos ocupantes por parte das autoridades da Igreja, e qualquer coisa que traga a Igreja mais perto em apoiar as pessoas é bem vinda.

P. O que está por detrás da explosão de violência em muitas partes ao redor do Reino Unido no começo de Agosto de 2011? (Setembro 2011)
R. Injustiça Social. As disparidades sempre crescentes entre os mais ricos e os mais pobres. Abrigos ruins, desemprego, cortes perversos no bem estar e em serviços públicos.

O gatilho de todo este levante social, que está pronto para entrar em erupção a qualquer momento, foi o fato da polícia ter atirado em um jovem homem que estava aparentemente armado (mas a polícia depois admitiu que sua arma não havia atirado, tendo pensado inicialmente que ele havia atirado nela). As pessoas perderam a fé na polícia, perderam a fé no Parlamento e sentem que não possuem nada a perder, e tomaram, para mim, o passo errado em queimar e destruir suas próprias comunidades e a de outras pessoas.

P. É apenas um caso de criminalidade oportunista? (Setembro 2011)
R. Houve um elemento disso na agitação geral de destruição.

P. Quais são as soluções para tais situações? (Setembro 2011)
R. Como sempre, partilha e justiça.

P. É claro que Maitreya e os Mestres encorajam o poder das pessoas—eu vejo isso lendo a Share International. Mas eles perdoam a violência e destruição sem sentido como as vistas recentemente na Inglaterra? (Outubro 2011)

R. "Violência sem sentido e destruição" não são demonstrações de poder das pessoas, mas de um poder destrutivo. A Hierarquia nunca encoraja ou perdoa a violência ou a destruição.

P. Você fala sobre o poder das pessoas, e já ocorreram várias marchas pela paz. Elas realmente estão tendo impacto? Parece que as pessoas não participam delas, então, elas realmente fazem alguma diferença? (Maio 2007)

R. Houve uma marcha recentemente em Londres, e os organizadores disseram que cerca de 100.000 pessoas participaram dela. A polícia eventualmente admitiu que cerca de 10.000 tinham participado. Meu Mestre disse que os organizadores não estavam longe da verdade, ela teve cerca de 90.000 a 100.000 participantes. A polícia sempre mente sobre os números de pessoas participando de uma manifestação. É uma manipulação feita pela polícia por razões governamentais, para se manter as pessoas sobre controle. É para fazer com que as pessoas não participem da manifestação, pois elas dirão: "Para que?". No entanto, você só consegue ver parte de uma manifestação em um determinado momento, e na parte na qual você está. Você não consegue ter ideia da sua extensão. Normalmente, os organizadores fazem a melhor das estimativas e talvez a exagerem, mas desta vez, eles não exageraram de forma alguma. É importante manter um crescente número de manifestações, não agora e em outro momento depois, mas continuamente, e estas manifestações contínuas terão um impacto gradual no pensamento governamental.

É difícil para nós estimarmos o valor de tais manifestações, mas os Mestres não têm dúvidas de que elas são mecanismos para mudança muito poderosos. Nós precisamos organizá-las mais frequentemente, e em maior número. "Poder popular" transformará o mundo.

P. Eu tenho 23 anos e sou do Egito. Eu segui você por alguns anos agora e eu não consigo esperar pela mudança chegar! Eu vejo as mudanças em forma de revoluções. (1) Mas eu me pergunto quando a mudança vem em forma de milagre. Todo site espiritual que eu vou, cada pessoa que canaliza está dizendo que a mudança está próxima, muito está mudando, mas minha pergunta é, quando crentes (ou alguém como eu), percebem que está no começo da mudança—toda pessoa normal deveria perceber que isto não é normal. (2) Já que eu sou um Mulçumano, eu estou interessado em saber se Maomé (pbuh) está também, como o Mestre Jesus, na terra agora como um Mestre que irá nos ajudar? (Novembro 2011)

R. (1) Você procura por sinais e as coisas estão acontecendo agora. Você não viu o que está acontecendo ao redor do Oriente Médio e mais longe? Você não se lembra, no Egito, Cairo, Praça Tahir, apenas alguns meses atrás, algo que está começando a acontecer mais e mais ao redor do mundo? O Próprio Maitreya passou muitas horas naquela praça por três semanas, inspirando e salvaguardando as pessoas de todas as religiões, ensinando elas a protegerem e cuidarem uma das outras como uma inspiração para o mundo. São as pessoas em todos os lugares, levantando suas vozes, que irão mudar, e estão mudando o mundo, mesmo agora. (2) Sim. Maomé recebeu Sua inspiração e ensinamentos de Jesus. Eles são irmãos.

P. Alguns países estão determinados a barrar a imigração e para isso eles constroem muros para impedirem o que seriam imigrantes ilegais de entrarem, ou eles saem à

procura e deportam pessoas que já se estabeleceram. Fazem apenas 20 anos que o Muro de Berlin caiu graças ao poder das pessoas. O que pode ser feito para prevenir os governos de construírem muros de separação e/ou deportarem pessoas em grande número? (Outubro 2010)
R. Pelo mesmo método: o poder das pessoas!

P. Se as pessoas têm ideais, mas não agem quanto a eles, o que pode ser feito para que nos livremos da complacência da qual a humanidade sofre agora? (Outubro 2010)
R. De fato. Complacência é a doença. Dinheiro é uma energia—ela é boa ou ruim. Ele pode ser usado para o bem ou para o mal. As pessoas pensam que o dinheiro é a fonte de todos os males, mas a complacência, que sai de um sentimento de separação, é o verdadeiro pecado. As pessoas sabem o que está ocorrendo no mundo. Elas sabem que as pessoas estão morrendo de fome. As pessoas em grandes nações ricas, como os EUA e a Europa sabem que as pessoas estão morrendo. Nós costumávamos vê-las morrendo nas nossas televisões, mas isto não é mais mostrado, porque nós desligaríamos a televisão e perderíamos os comerciais. Mesmo assim, as pessoas estão morrendo de fome a todo tempo. Cinco milhões de crianças morrem, todos os anos, de doenças relacionadas a má nutrição. Isso não deveria estar ocorrendo. Nós temos as respostas para todos estes problemas. Há um excedente de comida no mundo de 12 por cento per capita. Ela simplesmente não é distribuída. A resposta ao problema econômico é a redistribuição dos recursos do mundo. Isto criaria justiça universal, e portanto, paz. É o único caminho para a paz.

P. (1) Você acredita que o poder das pessoas realmente irá acontecer na Líbia e Síria? (2) Qual seria a solução mais prática para cada país? (Junho 2011)
R. (1) Sim, eventualmente. (2) Os problemas e estados de prontidão em cada país são diferentes.

Eventualmente, através do mundo, o poder das pessoas, inspirado por Maitreya e sobre a bandeira da liberdade, partilha e justiça, irá ocorrer.

P. Os ditadores e déspotas deveriam ser levados à justiça? (Junho 2011)
R. Pessoalmente, eu acho que não. Não resolve nada e simplesmente prolonga a luxúria por vingança.

P. Talvez em um espírito de perdão, poderá ser dado à velhas figuras autocráticas asilo ou anistia? (Junho 2011)
R. Sim, eu concordo.

P. (1) O Coronel Gadafi e seus filhos deveriam ser julgados por "crimes contra a humanidade" ou ser dado asilo a eles em algum lugar? (2) Se for asilo, que mensagem isto dá a outros ditadores? (Outubro 2011)
R. (1) Eu votaria pelo asilo. Se Gadafi e seus filhos forem julgados em uma corte mundial, eles (e seus seguidores) se tornariam mártires. É melhor que não seja permitido que a memória de seus erros e políticas de terror sejam glorificadas, mas que sejam rapidamente superadas, esquecidas e perdoadas. Não deve ser esquecido que ainda existem grupos neo-Nazistas na Alemanha e em outros locais.
(2) Eu não acho que o asilo daria encorajamento para os ditadores existentes. Para eles, a remoção do poder já é perda o suficiente. O pensamento por asilo poderia até encorajá-los a ir embora.

P. O poder das pessoas deveria tentar trazer abaixo as estruturas econômicas de seu próprio país? (Novembro 2011)
R. O poder das pessoas não se trata de "trazer abaixo" as estruturas econômicas de qualquer país em particular , é sobre a conquista da liberdade, justiça e paz para as pessoas daquele país. O objetivo final deve sempre ser

mantido em mente, que é o estabelecimento da liberdade, justiça e paz através do mundo. Deve ser óbvio que uma radical reorganização das estruturas econômicas do mundo deve ocorrer para que isto seja alcançado. Partilha, você verá, é o supremo mecanismo para esta realização.

P. Até os mais dedicados ativistas trabalhando para mudar os atuais sistemas econômicos, políticos e sociais, e aqueles trabalhando para salvarem o meio ambiente, realmente possuem alguma resposta prática e factível? (Novembro 2011)
R. Sim, possuem muito. Partilha e justiça, que irão transformar a vida para todos e garantir o fim da guerra, são o objetivo de todos, seja isto citado ou não.

P. Atualmente, qual é o trabalho mais importante que o Instrutor do Mundo está realizando? (Dezembro 2011)
R. Do nosso ponto de vista, o despertar da natureza espiritual da humanidade para se manifestar e assim, mudar o mundo para melhor.

SALVANDO O PLANETA

SALVANDO O PLANETA

pelo Mestre —, através de Benjamin Creme

Quando a humanidade perceber o quão sério é o desequilíbrio ecológico em sua casa planetária, ela deverá tomar os passos tão urgentemente necessários para remediar a situação. Se os homens falharem em responder com suficiente resolução, eles serão culpados de deixar o planeta a uma lenta, porém inevitável destruição. O que, então, eles deixarão como legado aos seus filhos? Esta autodestruição não deve prevalecer, e todos devem agir juntos, e fazer os sacrifícios necessários. Isto resultará em uma completa mudança de atitude para com a integridade do planeta, e o que são vistas hoje, como as necessidades dos homens.

Não será fácil para alguns aprovarem as mudanças, mas apenas através de tais mudanças, a vida no planeta pode ser garantida. Já, profundos danos foram feitos nas reservas essenciais de árvores da Terra. Desmatamento causou uma crescente perda de oxigênio e o aumento da quantidade de gás carbônico. Isto está agora em um estágio crítico e necessita de ação imediata.

A realidade do aquecimento global está agora sendo percebida pelas mentes de milhões, mas mesmo assim, apesar da esmagadora evidência, alguns ainda negam que as ações do homem são as causas.

Nós, seus Irmãos Mais Velhos, podemos dizer, com total convicção, que as ações dos homens são responsáveis por oitenta por cento do aquecimento global.

Maitreya, vocês verão, não demorará muito para trazer este problema urgente a atenção dos homens. Ele mostrará aos homens duas alternativas: os resultados beneficentes da ação agora, de um lado, e a destruição do mundo que seria causada ao se fazer nada, ou pouco, do outro. Assim, a decisão é apenas do homem. Quando os homens entenderem isso, eles de fato perceberão a causa. Eles verão que o futuro para seus filhos depende da ação agora, e irão descobrir de Maitreya e Seus grupo os passos necessários. Maitreya irá defender uma forma de se viver mais simples, uma com maior relação com a realidade da situação do planeta. Quando pessoas o suficiente estiverem convencidas de que isto é necessário, haverá um crescente movimento para se viver mais simples ao redor do planeta. Isto ocorrerá em uma velocidade bem incomum, já que tão inspirados pela mudança, milhões estarão. Assim, os mais graves perigos que o Planeta Terra encara serão de alguma forma enfrentados. Isto encorajará e impulsionará a prontidão para mais mudanças.

Encarando o dilema de mudanças necessárias, os homens perceberão a inevitabilidade de se aceitar o princípio da partilha. Apenas a partilha tornará estas mudanças práticas e possíveis. Apenas através da partilha, as riquezas do Planeta Terra poderão ser usadas de forma bem sucedida. Apenas através da partilha, esta riqueza poderá ser corretamente administrada. Apenas assim, o próprio Planeta poderá viver em harmonia com seu ambiente, e com seus habitantes.

(Share International, Maio 2007)

119

A RESPONSABILIDADE DO HOMEM

pelo Mestre —, através de Benjamin Creme

Dos tempos mais antigos, a humanidade tem temido as perturbações naturais de nosso lar planetário. Cataclismos de inimaginável ferocidade destruíram gigantescas áreas da superfície da Terra, repetidamente. Este fato é muito difícil para algumas pessoas aceitarem e levanta, sempre, sérias dúvidas nas mentes de muitas pessoas religiosas sobre a veracidade do amor de Deus pela humanidade. Como nós podemos acreditar em um Deus amável, que permite que milhares de pessoas sejam mortas em terremotos, tsunamis e o resto? Se a humanidade compreendesse seu próprio envolvimento em tal destruição planetária, ela teria um papel significante em prevenir suas ocorrências.

A crosta da Terra, como tem evoluído por muitas eras, não é única e uniformemente espalhada ao redor do mundo. Como é bem conhecido, ela toma a forma de várias placas de diferentes profundidades, que se sobrepõem e estão relativamente em constante movimento. Países e cidades que estão sobre ou próximos da borda da placa ou falhas, estão, consequentemente, sujeitos a terremotos e, se próximos a áreas oceânicas, tsunamis. Não é uma questão do amor de Deus decaindo em relação à humanidade, mas de uma pressão sísmica que deve ser liberada. O que nós podemos perguntar é o que faz com que a pressão sísmica cresça à tal destrutiva extensão?

Elementais Devas (ou forças Angélicas) supervisionam o processo pelo qual esses colossais atos de energia são modificados. A Terra é uma Entidade viva e responde ao impacto dessas forças de várias maneiras. Uma das maiores fontes de impacto vem diretamente da humanidade. Conforme a humanidade, em sua costumeira maneira competitiva, cria tensão através de guerras, e crises políticas e econômicas—isso é, quando nós estamos fora de equilíbrio—assim também as vidas Dévicas saem de equilíbrio. O resultado inevitável são terremotos, erupções vulcânicas e tsunamis. Nós somos responsáveis.

Como então encerrar este ciclo de destruição? A humanidade possui os meios, mas até agora não possui a vontade de mudar. Nós devemos nos ver como Um, cada homem e mulher, um reflexo do Divino, irmãos e irmãs, filhos e filhas do Único Pai. Nós devemos banir a guerra para sempre desta Terra; nós devemos partilhar os recursos deste planeta que pertencem a todos. Nós precisamos aprender a viver em harmonia com o próprio planeta para conhecermos um futuro de harmonia um com os outros.

Maitreya veio para mostrar aos homens o caminho, e para galvanizar as ações do homem. Ao redor do globo, os homens estão encontrando suas vozes e chamando por justiça e liberdade. Muitos morreram para exigirem seus direitos, dados por Deus, por liberdade e justiça. Seu chamado é para todos os homens e mulheres em todos os lugares, para verem a si mesmos como Ele os veem, como Divinos, Filhos e Filhas da Própria Divindade.

(Share International, Abril 2011)

AQUECIMENTO GLOBAL, DESASTRES NATURAIS E KARMA

P. *"Hoje, 56 jornais em 45 países tomam o passo sem precedentes de falar com uma só voz através de um editorial em comum. Nós o fazemos, porque a humanidade encara uma profunda emergência". Este foi o passo sem precedentes tomado por editores de jornais ao redor do mundo, na véspera da Reunião sobre o Clima em Copenhagen em 2009. Este esforço combinado foi inspirado pela Hierarquia Espiritual? Se sim, qual foi o Mestre? Nós deveríamos esperar ansiosamente para mais ocorrências históricas como esta nos tempos vindouros?* (Janeiro/Fevereiro 2010)

R. Sim, Maitreya. Este tipo de ação de grupos de pessoas em variados campos da sociedade aumentará e tomará forma nos meses e anos vindouros. A mídia é a porta-voz das pessoas, refletindo o desejo das pessoas por ação para salvar o planeta. Este tipo de ação continuará de uma forma ou de outra, até que a iniciativa não seja mais necessária.

P. *Seguindo-se a falha de líderes a chegarem a um acordo de longo prazo na conferência sobre o clima da ONU de Dezembro de 2009 em Copenhagen, alegações surgiram dizendo respeito as razões para a falha.*
Isto foi devido a (1) China, e alguma extensão, Índia, com economias que estão ainda crescendo, protegendo seus próprios interesses econômicos; (2) interesses industriais e corporativos, representados em sua maior parte pela Câmara Americana de Comércio, impedindo quaisquer medidas que pudessem interferir com sua liberdade de poluírem a vontade; (3) o Primeiro Ministro Dinamarquês, desesperado por alguma forma de resultado, construindo um fraco e parcial acordo entre as poucas nações selecionadas? (Janeiro/Fevereiro 2010)

R. (1) Sim. (2) Sim. (3) Não.

P. (1)Você pessoalmente acha que a recente explosão no poço de petróleo no Golfo do México e a resultante catástrofe ambiental é o prego final no caixão, por assim dizer, na necessidade por mais perfurações no alto mar na América?(2) Posso perguntar-lhe quantas centenas de milhares ou milhões de barris de petróleo fluíram para o oceano do duto de petróleo quebrado do sul da costa do EUA até o momento no qual você está respondendo esta pergunta? (Julho/Agosto 2010)

R. (1) Não, eu sinto muito dizer. Eu não acho, dada a constante luxuria por mais petróleo por parte das companhias petrolíferas Americanas (para as quais é um ouro líquido) e uma grande parte do público Americano, que foi condicionado a temer a sua falta. (2) Alguns milhões. Este acidente está sendo chamado como a "maior catástrofe que já ocorreu nos EUA." Eu pessoalmente não tomo esta visão. Alguns similares ocorreram, até dentro de anos bem recentes, nos EUA, na Europa e em outros lugares. A natureza possui uma maravilhosa maneira de absorver e superar esses acidentes e normalmente dentro de poucos anos, a vida da área afetada volta ao normal.

P. A explosão que afundou a estação perfuradora de petróleo em Abril de 2010, que resultou em um perigo ambiental colossal à costa leste dos EUA, é o resultado de karma, e, se sim, posso perguntar-lhe por que? (Julho/Agosto 2010)

R. Não, foi um acidente. Na verdade, ela não resultou em um "perigo ambiental colossal" mas em um "potencial" perigo ambiental. Visto da Europa, o Presidente Obama (e ele normalmente teria o meu voto) está exagerando em sua tentativa de fazer a BP pagar por cada dólar de perda ocorrida. A BP já aceitou a responsabilidade e prontidão para pegar quantias genuinamente razoáveis.

Eu me pergunto se o público Americano sabe que metade da BP está na mão de investidores dos EUA.

P. Eu sei que você disse que certas espécies de animais mais "primitivos" estão destinadas a desaparecer. Também é parte do Plano que tantas espécies de pássaros, animais e outros animais aquáticos morram? Especialistas estão alertando que muitas estão sobre a ameaça de extinção por causa dos efeitos destrutivos da ação do homem no meio ambiente. (Maio 2006)
R. É verdade que a mudança ambiental causada pela atividade humana está tendo um efeito muito destrutivo em muitas espécies de animais, pássaros e peixes. No entanto, a lenta e planejada extinção de certas espécies de animais e peixes bem antigas e primitivas tem um propósito evolucionário, e ocorre sobre a lei. É o resultado do aspecto destrutivo do 1º raio sendo focado.

P. Como a própria mídia mundial está consciente, houve recentemente milhares de mortes de pássaros e de peixes. Explicações convencionais foram oferecidas que poucas pessoas aceitariam. Uma das explicações menos convencionais é a de que os polos magnéticos podem estar se movimentando mais rápido e permitindo que a nossa atmosfera seja penetrada por nuvens de Cianeto de Hidrogênio, que instantaneamente matariam aves. Isto, no entanto, não explica a morte dos peixes. Outra explicação são os experimentos atmosféricos feitos pelo Projeto HAARP. É óbvio que algo que afetaria toda a vida está ocorrendo.
Minha pergunta para a Share International é esta: do ponto de vista da Hierarquia Espiritual, qual é a causa primária deste fenômeno? Isso é muito importante e eu gostaria de ver isto em seu site. Certamente deve haver alguém em sua vasta rede que deve saber o que está acontecendo? (Abril 2011)

R. De acordo com a informação da Hierarquia Espiritual, os polos magnéticos não estão mudando. Os Mestres dizem que as causas são climáticas e o resultado de vastas quantidades de chuvas torrenciais em várias partes do mundo. Estas chuvas não apenas causam enchentes, mas trazem muitos poluentes tóxicos, incluindo radiação nuclear, liberada na atmosfera por cada estação de energia nuclear.

P. Você pode explicar por qual motivo, se o aquecimento global é um grande problema, Maitreya "trouxe a Terra um pouco mais próxima do Sol"? Isso não exacerba o aquecimento, e se sim, nós podemos assumir que, caso o aquecimento global ocorra ou não, no final, não seria melhor se Maitreya não tivesse realizado esta ação bem estranha? (Junho 2006)
R. Vinte por cento do aquecimento é causado pela Terra tendo sido trazida um pouco mais próxima do sol. Oitenta por cento é causado pela nossa utilização errada de recursos e emissões de gases. Por que Maitreya faria isso? Precisa-se assumir que isto foi feito sobre a Lei, e para o benefício da humanidade. Isto fará com que grandes áreas do norte da Europa, Ásia, Canadá e Rússia, agora em sua maior parte cobertas por gelo na maioria dos meses do ano, se tornem extraordinariamente férteis para se cultivar alimento. Isto também reforça a necessidade de ação por nossa parte para limitar o aquecimento global.

P. O Brasil está preparando-se para construir uma gigantesca barragem hidrelétrica numa área da Amazônia; sua construção irá custar aos povos indígenas suas casas e o seu meio ambiente. Uma grande parte da floresta será destruída de maneira irreparável. Nosso planeta depende das florestas tropicais; este seria um caso no qual os Mestres poderiam intervir para salvarem a floresta? (Outubro 2010)

R. Não, isto seria infringir no livre-arbítrio da humanidade e nunca ocorreria. É na verdade um caso para uma decisão por parte das Nações Unidas. O Brasil é gigantesco e existem certamente áreas menos destrutivas para tal barragem.

P. Ativistas indianos obtiveram sucesso em impedir a construção de uma grande barragem no Rio Ganges; os ativistas estavam certos em lutarem contra um cenário que iria, ao final de tudo, trazer-lhes muitos benefícios? (Outubro 2010)
R. Sim. É uma questão de pesar os benefícios contra a destruição.

P. Inundações, secas, incêndios, deslizamentos de terra, vulcões—o tumulto e a destruição no mundo hoje— parecem ter chegado a um novo nível . Isso é verdade? E é tudo devido ao karma do país em particular envolvido? (Outubro 2010)
R. A humanidade está passando por um período de grande estresse e desequilíbrio. Os devas que controlam as forças da natureza estão sendo colocados fora de equilíbrio, daí o tumulto e a destruição. Parte desta destruição vem de fato do resultado do karma de países em particular.

P.O ciclone que atingiu a Birmânia foi natural, e os terremotos que atingiram a China foram naturais ou criados pelo homem? (Julho/Agosto 2008)
R. Não, eles não foram naturais e eles não foram diretamente causados ou manipulados pelo homem. Nem foram eles resultados kármicos dos atos errados dos governos da Birmânia e da China. Eles são o resultado da tensão e do estresse resultante que liberam forças que não podem ser contidas.
Por exemplo, a humanidade não entende a Lei de Causa e Efeito, a Lei da Inofensividade. Nós temos

tremendas tensões no mundo hoje por causa da invasão do Iraque—uma guerra totalmente ilegal, desnecessária e medonha, que custou muitas vidas humanas. Esta guerra, a invasão realizada por Americanos e Britânicos, criou uma extraordinária tensão no mundo. Ela, junto com a guerra no Afeganistão e a pressão Americana no Irã, causam inevitável medo ao redor do mundo. Então, as pessoas estão vivendo em um estado de tensão, parcialmente por causa de grandes energias cósmicas, mas também por causa das ações de poderosos indivíduos. E as pessoas veem isto em silêncio. Este país [Japão], observa isto em silêncio, pois ele é aliado dos EUA. Mas todas as nações do mundo devem erguer suas vozes contra esta agressão que os Estados Unidos fazem sobre outros países.

Os EUA são uma grande nação e se tornarão uma nação ainda maior, mas ele está tristemente fora do caminho de seu destino. Ele está brincando com forças que ela não entende. Ele é uma nação jovem, poderosa e extremamente arrogante. É a arrogância dos jovens, principalmente do jovem forte. É hora das nações mais velhas, mais sábias do mundo, erguerem suas vozes contras ações dos EUA.

A melhor forma de se fazer isso é a de se encorajar a aceitação da partilha. Partilha e justiça trarão tranquilidade e equilíbrio ao mundo.

Quando nós estamos desequilibrados—como nós estamos agora—as forças elementais sub-humanas, que organizam os ciclones, terremotos e por aí vai, as forças do próprio planeta, saem de equilíbrio. Onde você tinha tornados normais, eles se tornam massivos; onde você tinha terremotos normais, eles se tornam terremotos massivos. As forças elementais respondem ao nosso estresse. A humanidade precisa entender a conexão que existe entre todas as forças e aspectos do planeta.

P. Um terremoto de magnitude 7.7 atingiu a costa da Indonésia em 21 de Janeiro de 2006. Este foi um evento natural? (Março 2006)
R. Sim.

P. O estado do Tennessee nos EUA foi atingido por vários tornados e por uma intensa tempestade nas duas primeiras semanas de Abril de 2006. Algumas áreas foram declaradas como áreas de desastre pelo governo federal, e cerca de 60 pessoas perderam suas vidas. (1) Isto foi kármico e estava em relação com uma certa ação?

Dois eventos ocorreram ao mesmo tempo: em Gallatin, perto de Nashville, um homem, sua mulher (madrasta), seu filho e cachorro estavam andando de carro em seu veículo quando um tornado os atingiu diretamente. O carro foi erguido quase cinco pés no ar e girou várias vezes antes de pousar cerca de 45 jardas de onde ele estava. A velocidade foi tal, que o carro bateu em uma árvore, que se dividiu, foi derrubada e cobriu o carro. Todos no carro sobreviveram e o único que se machucou foi o homem, que sofreu um corte em sua orelha. (2) Este foi um milagre, e quem foi responsável por ele? (3) Em outro incidente, um homem e sua mãe estavam se escondendo no armário em sua casa, quando ele foi diretamente atingido por um tornado. Eles se seguraram, mas acabaram sendo separados quando o tornado destruiu a casa e a levantou no ar. O homem sobreviveu, mas sua mãe não. Isto foi um milagre? (Junho 2006)
R. (1) Sim. O resultado das ações destrutivas no Iraque. (2) Sim. O Mestre Jesus. (3) Sim, feito pelo Mestre Jesus.

P. O terremoto que atingiu o Haiti parece ter sido particularmente cruel, já que ele é um dos países mais pobres no hemisfério Ocidental. (1) O terremoto foi causado karmicamente, foi devido ao movimento da placas tectônicas da Terra, ou alguma outra razão? (2) Os Mestres impediram que um desastre ainda maior ocorresse lá? *(3) Os Mestres estiveram envolvidos em ajudar os machucados e aqueles morrendo no Haiti?* (Março 2010)

R. (1) Ele foi kármico, o resultado da longa tensão entre as pessoas mais pobres no Haiti, os mais pobres em todas as Américas, e a longa sucessão de líderes despóticos e corruptos no Haiti por décadas. (2) Sim. (3) Como sempre, sim.

P. O terremoto de magnitude 9.0 que atingiu a parte nordeste do Japão na Sexta, 11 de março de 2011, causou grande perda de vida e gigantesca destruição. Mesmo assim, houve uma intervenção divina por parte de Maitreya? (Abril 2011)

R. Sim, sem a qual o sofrimento teria sido bem maior.

P. Foi relatado que houve apenas 20-30 minutos entre o terremoto e o tempo que a tsunami chegou a costa. Os Japoneses estavam preparados para tsunamis de escalas menores, mas nunca antes experienciaram uma tsunami de tal magnitude, e muitas pessoas foram pegas. A estimativa de mortes continua subindo. (1) Estas pessoas que foram pegas pela tsunami receberam alguma intervenção divina? (2) Elas sofreram? (Abril 2011)

R. (1) Sim, muitas mais foram salvas. (2) Estranhamente, não. Maitreya tem o poder de remover dor e sofrimento.

P. Dois dias depois do terremoto e tsunami terem atingido o Japão, vários vídeos podiam ser vistos em sites de vídeos, o YouTube, por exemplo, dizendo mostrar atividade ÓVNI imediatamente depois do terremoto. Os Irmãos Espaciais estão trabalhando sobre usinas nucleares para ajudarem a restringir o vazamento de radiação? (Abril 2011)

R. Sim. Estas usinas nucleares foram, e são, uma grande preocupação.

P. Tendo lido respostas na Share International por anos sobre as maneiras nas quais Maitreya e os Mestres ajudam pessoas durante desastres, eu espero que você possa assegurar aos leitores que o mesmo é verdade novamente no Japão e também na Líbia. (Abril 2011)

R. Sim, de fato, dentro da Lei Kármica, os Mestres são sempre os primeiros em cena com Suas ajudas.

P. Em Fevereiro de 2011, a Nova Zelândia foi atingida por um terremoto de magnitude 6.3, que devastou a parte central da cidade de Chirstchurch. O Japão e a Nova Zelândia estão na mesma zona de terremotos e têm condições geográfica semelhantes. Houve alguma conexão entre estes dois terremotos? (Abril 2011)

R. Sim, há uma grande atividade sísmica ocorrendo em todo o anel do Pacífico. Nós não deveríamos nos surpreender por mais terremotos ou tsunamis em outros locais da área.

P. A respeito do horrendo terremoto e tsunami que acabou de ocorrer no Japão, você pode dizer se foi kármico ou se veio de causas naturais? (Abril 2011)

R. O terremoto Japonês e o recente terremoto na Nova Zelândia tiveram causas naturais, relacionadas aos movimentos das placas do Pacífico, no tão chamado "Anel de Fogo" do Pacífico. Se você ler o Artigo do Mestre, "A Responsabilidade do Homem" [página 97] no entanto, você verá que há uma causa kármica, vinda da humanidade como um todo, agindo de maneira destrutiva. Se a humanidade fosse menos destrutiva, assim também seriam os terremotos, os ciclones e as atividades vulcânicas.

A Terra em Sofrimento

pelo Mestre —, através de Benjamin Creme

Pode ser dito que pelo menos alguns homens estão começando a levar a sério os perigos que o aquecimento global traz e as consequentes mudanças climáticas que isto está trazendo. É verdade que há muito desacordo sobre a realidade e extensão dos perigos, e sobre os melhores meios de se lidar com o problema, que muitos já concordam existir. No entanto, não há dúvidas de que alguns homens, pelo menos, estão reconhecendo que os homens encaram uma tarefa formidável em parar o progresso da destruição e em estabilizar o meio ambiente. Também é verdade que até mesmo os mais conscientes e preocupados homens sabem muito pouco sobre a extensão e complexidade dos problemas.

O problema de poluição é um caso destes. A poluição assume muitas formas, algumas óbvias e fáceis de se lidar, se a vontade para fazê-lo existe. Algumas, no entanto, necessitam de uma ciência e remédio ainda desconhecidos ao homem; ela é tão tóxica e destrutiva, que a ela deve ser dada uma alta prioridade para superar. O efeito da poluição sobre a qualidade do ar, comida, em animais e em peixes, em rios e oceanos, é conhecido, mas em grande parte ignorado. A mais destrutiva de todas, aquela causada pela radiação nuclear, espera ser descoberta pelos cientistas da Terra. Os níveis mais superiores de radiação nuclear estão além da presente tecnologia atômica. Eles são também os mais tóxicos e perigosos ao homem e aos reinos inferiores. Em todos estes níveis, os problemas de poluição devem ser superados. Isto pode ser alcançado apenas por uma completa reconstrução das presentes estruturas política, econômica e social.

O homem devastou e poluiu a Terra, e severamente danificou seu próprio meio ambiente. Agora, o homem deve ver como uma alta prioridade curar aquilo que ele feriu, e restaurar a saúde a este doente planeta. Ele deve aprender a simplificar suas demandas sobre o planeta e aprender a beleza da simplicidade e alegria da partilha.

O homem tem poucas escolhas: a urgência da tarefa exige ação imediata; poucos de fato percebem averdadeira escala do dano já feito. A pergunta pode ser feita: o planeta Terra pode ser salvo e por quais meios? A resposta é um forte SIM! e por meios que envolvem a transformação de nossos presentes modos de vida da maioria dos homens.

A principal ambição de todos os tão chamados países "desenvolvidos" é a de alcançar uma porcentagem cada vez mais alta de crescimento em suas economias, para se tornarem, portanto, mais ricos; e, em um mundo econômico baseado na competição, alcançar dominação e poder, e então, aproveitarem um padrão de vida mais alto. Isto sendo assim, a pilhagem da Terra, o deselegante desperdício de recursos, são vistos como naturais e necessários. Esta irresponsável ação, finalmente, trouxe o planeta Terra quase aos seus joelhos.

Maitreya, vocês podem ter certeza, não demorará muito para falar sobre este urgente problema e apresentar Suas soluções. O primeiro passo, Ele falará, será a aceitação da urgência que muitos hoje negam. Partilha, Ele dirá, é o começo do processo de mudança, que dará as respostas às nossas indagações e reabilitação de Terra.

(Share International, Novembro 2007)

RADIAÇÃO NUCLEAR E USINAS NUCLEARES

P. Qual é a melhor forma de convencer a ciência médica que, tenham as usinas nucleares acidentes ou não, sofram desastres, vazamentos, entre outros, o próprio fato delas existirem já é perigoso e altamente tóxico? (2) Como desenvolvimento adicionais da tecnologia de fotografia Kirlian oferecerá uma prova eficiente? (3) Se não, que abordagem científica levaria mais rapidamente ao achado de provas de quão poluente a energia nuclear é?
(Julho/Agosto 2011)
R. (1) Se fosse possível, eu já o teria feito há muito tempo. Eu estive falando sobre os perigos da radiação nuclear por 30 anos ou mais. Estes "cientistas" ouvem apenas outros cientistas, que, infelizmente, partilham da mesma cegueira. (2) Não. (3) A experiência de desastres como os de Fukushima, Chernobyl, etc.

P. O conselho da Hierarquia é o de fechar todas as usinas nucleares. (1) Os cientistas dizem que a energia nuclear é mais limpa do que a energia baseada em carbono. (2) Não existem alternativas eficientes. (3) Muito dinheiro é investido na indústria nuclear que é virtualmente impossível retirar nosso dinheiro dela. Você, por favor, poderia comentar sobre as questões levantadas acima.
(Julho/Agosto 2011)
R. (1) Em termos de carbono, sim, mas não em termos de destrutividade. (2) A alternativa é o processo de fusão de energia nuclear. Ele não depende da fissão. Ele é limpo, frio, e não cria lixo, e de acordo com o Mestre Djwhal Khul (Que deu os ensinamentos de Alice A.Bailey), necessita apenas de um simples isótopo de água, disponível em todo o mundo, para satisfazer nossas necessidades por energia. Existem várias fórmulas para o processo de fusão, algumas que já foram criadas por grupos da indústria de petróleo, afim de

protegerem o seu domínio. (3) Isto é verdade para as mais sofisticadas nações industriais, mas não para todo o mundo. Nós não precisamos de estações de energia baseadas na fissão nuclear. Elas estão ultrapassadas e são extremamente perigosas.

P. O seu Mestre poderia dizer como as necessidades de energia do mundo podem ser satisfeitas a curto, médio e longo prazo, supondo que o mundo siga o conselho da Hierarquia de parar de utilizar energia nuclear. (Julho/Agosto 2011)
R. O processo de fusão a frio (ver a pergunta acima).
P. A completa interrupção de todas as atividades envolvendo energia nuclear produzida através da fissão, provavelmente ocorrerá dentro dos próximos 25 anos. (Julho/Agosto 2011)
R. Sim.

P. Uma certa quantidade de energia nuclear é necessária para aplicações médicas. O mundo também precisa parar de utilizá-la para este fim? O que a substituiria a curto prazo? (Julho/Agosto 2011)
R. Isto será interrompido pela vindoura forma avançada de engenharia genética.

P. Desde Fukushima, um tão chamado "teste de estresse nuclear" foi desenvolvido. (1) Você acha que ele é rigoroso o suficiente? (2) O teste de estresse é uma tentativa honesta, não manipulada de provar segurança e delinear perigos? (Julho/Agosto 2011)
R. (1) Não. (2) Ele pode ser uma tentativa honesta, mas certamente não é uma eficiente. Todo o ponto é que a tecnologia da ciência nuclear de hoje é inadequada para medir todo o espectro da energia da matéria.

P. Uma significante queda nos atuais padrões de vida e conforto são o resultado inevitável de se livrar da energia atômica? (Julho/Agosto 2011)
R. Não, de forma alguma.

P. Onde estão as mais perigosas usinas nucleares, presentemente, ao redor do mundo? (Julho/Agosto 2011)
R. Todas as usinas com mais de 20 anos são particularmente suspeitas, tenham elas tido um acidente ou não.

P. O rompimento genético e mutação são inevitáveis consequências da exposição a poluição nuclear? (Julho/Agosto 2011)
R. Sim.

P. A Alemanha anunciou que ela abandonará a energia nuclear nos anos vindouros. Você acha que outros países farão o mesmo? (Julho/Agosto 2011)
R. Sim, em tempo.

P. A Companhia Elétrica de Tóquio e vários especialistas ainda estão debatendo o que fazer com as usinas nucleares danificadas em Fukushima, Japão. Enquanto isso, o governo Japonês esteve falando para os evacuados que costumavam a viver nas cidades ao redor que ele está trabalhando o máximo possível para permitir que eles voltem para suas casas o mais cedo possível. Eu acho que o governo está dando a eles uma falsa esperança, pensando na situação de Chernobyl, na qual as áreas ao redor ainda estão fora de limite, 25 anos depois do acidente com a usina nuclear. Você, por favor, poderia comentar sobre esta situação? (Março 2012)
R. Não é o mesmo tipo de reator que aquele de Chernobyl, portanto, a situação não é a mesma. É muito cedo para dizer se ele pode ser arrumado ou não, ou se ele precisará ser abandonado completamente. A situação

135

está mudando a todo momento, e não é estável. Com tremenda boa sorte e trabalho duro dos engenheiros, é possível que ele possa ser arrumado e que as pessoas possam retornar em poucos anos ou mais. Meu Mestre aconselha extremo cuidado ao se considerar viver novamente lá.

P. Em que partes do mundo estavam ou estão em níveis críticos de radiação, devido à catástrofe no Japão no último mês? (Maio 2011)
R. Nenhum lugar. Houve uma reação extraordinariamente histérica para o acidente na usina nuclear japonesa. Até agora, as únicas pessoas afetadas pela radiação são aquelas vivendo na parte norte-nordeste do Japão.

P. Seria melhor que parássemos de comer peixe já que todos os mares estão conectados? (Maio 2011)
R. Todos os oceanos e massas de terra do mundo já estão afetados até alguma extensão com radiação nuclear, assim como está o ar que nós respiramos. Os Irmãos Espaciais passam 90 por cento do Seu tempo e esforços neutralizando-a (dentro da Lei Cármica). Nós injustificadamente esgotamos os estoques de peixes no oceano, mas colocando as coisas em perspectiva, existem ainda muitos peixes no mar.

A FORMA NA QUAL MAITREYA TRABALHA

P. Por que Maitreya acha que é necessário para Ele fisicamente emergir, para completar a transformação da consciência da humanidade? (Outubro 2007)
R. Maitreya fisicamente retornou ao mundo cotidiano como parte de um retorno similar pelo qual a Hierarquia de Mestre está passando. Ele é chamado de Exteriorização da Hierarquia. Além disso, Ele voltou fisicamente para que Ele possa fazer o trabalho de

Instrutor do Mundo para a Era Aquariano. Se Ele não estivesse em forma física, Ele não ganharia a atenção de incontáveis milhões de pessoas que precisam de alguém que elas possam ver e ouvir diretamente. Mesmo agora, muitos que acreditariam de bom grado que Ele está aqui, e estão prontos para responder aos Seus ensinamentos, estão hesitantes, pois eles não conseguem vê-Lo. Incontáveis outros, ao mesmo tempo, procuram gurus e avatares duvidosos, porque eles precisam ver uma pessoa fisicamente para se relacionar.

P. O corpo físico de Maitreya consegue conter toda a consciência da energia do Cristo, ou apenas uma pequena porcentagem dela? (Abril 2008)
R. Não apenas uma pequena porcentagem, mas ele contém 85 por cento.

P. Maitreya é um canal para a energia do Cristo, ou o seu corpo físico é diferente do nosso? (Abril 2008)
R. Maitreya é tão puro e evoluído que Ele não apenas canaliza a consciência do Cristo, mas a Encarna completamente. Ela flui diretamente Dele para nós. Seu "Corpo de Luz" está "em descanso" nos Himalaias. O corpo pelo qual Ele se manifesta hoje foi criado por Ele Mesmo.

P. Que reação Maitreya tem para com os evangélicos de extrema direita nos Estados Unidos? Eles parecem extremistas e perigosos para mim. (Junho 2009)
R. Eu não tenho nenhuma dúvida que Ele os ama, da mesma forma que Ele ama você: de forma total e incondicional.

P. Quando se trata de ajudar Maitreya a cumprir sua missão, que incluiria todas as religiões, o que ocorrerá quanto àqueles que tem um guru? Quando alguém está

137

seguindo outro Mestre ou Guru, como isso pode ser combinado? (Março 2009)

R. Maitreya não é um instrutor religioso. Ele é, essencialmente, um Instrutor Espiritual, tendo inclusive uma preocupação com as necessidades políticas, econômicas e sociais do mundo. Ele é o Instrutor do Mundo para todas as pessoas, religiosas ou não. A maioria das pessoas tendem a ver o caminho religioso como o único caminho espiritual. Ele é apenas um de vários caminhos para se experienciar Deus. Nós temos a política e a economia tão presas em um profundo materialismo, que nós nos colocamos na situação crítica de hoje. Nós temos que ter uma política e economia espirituais, através da partilha, justiça e liberdade para todas as pessoas. Este é o objetivo de Maitreya. Amor é ação de partilha justa. Este é o caminho para paz. Ninguém precisa, inclusive, acreditar na realidade de Maitreya. Já é o suficiente acreditar naquilo que Ele defende. Ele não quer seguidores ou devotos.

P. Um ano e meio atrás Maitreya começou Sua missão aberta. Desde então, nós tivemos o desastre de petróleo no Golfo, a tsunami Japonesa e sua contínua chuva radioativa, a Primavera Árabe com muitos sendo mortos ou sendo espancados horrivelmente, e padrões de clima malucos continuando a causar tumulto no mundo. Eu esperava que a presença e influência de Maitreya nos levariam a uma direção mais benevolente e pacífica. Parece que não é o caso e que Sua presença não significa menos revolta. Na verdade, pode haver mais do mesmo e pior até que o ponto de mudança seja atingido. Você pode comentar sobre esta aparente dicotomia e a que ponto nós podemos esperar um ponto de mudança? Obrigado por todo o seu bom trabalho por estes anos. (Novembro 2011)

R. Naturalmente, dada a diferença de seus pontos de evolução e experiência, as pessoas comuns e os Mestres veem os acontecimentos do mundo de maneiras completamente diferentes. Nós vemos apenas uma sequência de eventos isolados e, dependendo do nosso estado de mente, frequentemente os vemos apenas como ameaçadores, mal vindos e aterrorizantes. Os Mestres veem o mesmo evento, mas também todos os outros eventos que estão acontecendo simultaneamente em todos os planos, o que nós não vemos por causa de nossa consciência limitada. Os Mestres veem eventos se erguendo e descendo através de todos os planos. Muitos dos eventos que para nós são tão poderosos e ameaçadores, para a visão dos Mestres, murcham e desaparecem, enquanto que ao mesmo tempo, grandes movimentos energéticos, encarnando novas estruturas, pensamentos e ideias, gradualmente descem e manifestam-se no plano físico. Desta forma, uma tremenda transformação está ocorrendo, da qual, em sua maioria, a humanidade não possui conhecimento.

O interrogador pergunta quando nós podemos esperar um ponto de mudança neste processo. O ponto de mudança já começou. Mais e mais do "novo" está se tornando concreto nos planos mais baixos, menos e menos do "lixo" do passado está agora afirmando sua influência. Relativamente, daqui pouco tempo nós nos tornaremos conscientes de uma "calmaria" no mundo, conforme a humanidade age—tudo depende da ação da humanidade— e então o fermento do novo jarro ocorre. A humanidade precisa ver a si mesma como uma força em ação, não como simplesmente esperançosos espectadores destes tremendos eventos. Como Maitreya diz: "Nada acontece por si mesmo. O homem deve agir e implementar a sua vontade". Isto, a humanidade está começando a fazer.

P. Esta questão é sobre a diversidade em se apresentar a história do Reaparecimento. Se é verdade que quatro discípulos elevados recusaram apresentá-la ao público, então talvez a história tenha até agora sido apresentada de apenas uma perspectiva, esta é, como uma continuação do trabalho de Blavatsky/ Bailey. Você gostaria de comentar, por favor? (Março 2007)

R. Verdade, de fato ela foi, mas eu nunca disse que esses quatros outros eram discípulos elevados. Eu disse que haviam quatro outros discípulos. Eu não disse que nenhum deles era elevado. Há uma diferença. Nenhum deles estava em contato com um Mestre. Se eles estivessem, eles provavelmente teriam agido como eu agi. Se eu não estivesse em contato com um Mestre, e recebido a informação como eles provavelmente a receberam, eu provavelmente não teria agido. Mas eu tinha um Mestre dizendo: "Vá em frente, saia e conte isso ao mundo."

Vocês não tem ideia do quão difícil foi. Não era minha ideia, de forma alguma, sair e falar com o mundo. Eu nunca teria feito isso se eu não tivesse sido bem empurrado a fazê-lo. Então eu não culpo aqueles outros por não terem ido adiante. É verdade, portanto, que ela veio principalmente como uma continuação da informação Blavatsky/ Alice Bailey, que eu acredito seja a correta. Eu nunca a teria dito de outra forma. Eu tenho os pés nos ensinamentos de Blavatsky e Alice Bailey, que eu acredito, são os ensinamentos direto da Hierarquia. Eu só estou interessado no que eu acredito ser a verdade.

Mesmo assim, existem outras formas na qual esta informação poderia ser apresentada. Você poderia ser um crente Cristão. Eu tenho certeza que muitas pessoas neste grupo são crentes Cristãos. Elas saem e falam sobre isso como o retorno do Cristo, e não precisariam se referir a Alice Bailey, Blavatsky ou qualquer outro ensinamento dado. Ela poderia ser apresentada de muitas formas diferentes. Eu não sou estas outras pessoas, então eu não posso apresentá-la de outra forma da qual eu faço. Mas eu tenho absolutamente certeza de que ela poderia ser apresentada de outras formas.

Por exemplo, os Mulçumanos aguardam o Imam Mahdi. Haviam dois homens Paquistaneses que foram enviados à Londres próximo do tempo quando Maitreya veio para cá. Ambos tinham encontrado um "homem santo", um em Lahore, e o outro em Karachi. Eles não se conheciam, e o homem santo era diferente, mas cada um contou ao outro a mesma história. Eles tinham que ir à Londres para prepararem o caminho para o Imam Mahdi. Um era um jornalista e envolvido na política. Ele disse: "Não, eu não posso. Eu tenho meu trabalho. Eu sou um jornalista e um membro do partido político do pai de Benazir Bhuto"(antes que ele fosse morto). Ele disse: "Não há como eu ir." O homem santo disse a ele, meses antes, que ele teria que ir à Londres, tinha lhe dado coisas que ele tinha perdido anos antes e sabia coisas sobre sua família que apenas sua família sabia. Ele se apresentou como alguém que tinha muito conhecimento. Este homem santo disse: "Se você não for, os eventos irão conspirar para forçá-lo a ir."

A mesma coisa aconteceu com o outro homem, que era um advogado. Ele disse: "Eu não posso ir. Eu tenho o meu negócio." O homem santo disse: "Se você não for, os eventos irão conspirar para forçá-lo a ir."

A conclusão é que o Sr. Bhuto foi morto, e qualquer um conectado com ele se tornou suspeito. Eles estavam procurando por membros do partido de Bhuto. Eu não sei que posição o jornalista tinha, mas ele era bem relacionado no partido. Ele tinha um irmão vivendo na comunidade Asiática de Londres. Ele desistiu de seu trabalho e foi para Londres, e conseguiu um trabalho como um jornalista em um jornal Paquistanês.

O advogado, enquanto isso, viu seu negócio falindo, e antes que ele falisse, ele o vendeu pelo bem de sua prática e foi embora para Londres. Estes dois homens não se conheciam, e não tinham se conhecido, até que eu coloquei uma propaganda de página inteira em um dos jornais da comunidade Asiática em Londres, dizendo que o Mahdi tinha retornado ao mundo e estava vivendo na comunidade Asiática de Londres. A informação circulou a comunidade. Estes dois homens do Paquistão a leram. Então, ocorreu que o irmão de um deles conhecia o outro. Assim, ele convidou os dois, e eles descobriram que tiveram exatamente a mesma experiência. Cada um em cidades diferentes, homens santos diferentes deram à cada um deles exatamente a mesma instrução. Então eles decidiram entrar em contato comigo e eu os encontrei.

Eu tinha anunciado em Maio de 1982 que Maitreya estava na comunidade Asiática de Londres, e que se jornalistas bem conhecidos de calibre procurassem Ele, Ele viria adiante para eles. Eu esperava que muitos jornalistas estrangeiros fizessem isso e pedi a estes homens para agirem como seus guias na bem fechada comunidade Asiática, e eles concordaram.

No entanto, aquele que era um jornalista apenas ficou aguardando para que Maitreya lhe desse um tapinha nos ombros. O outro leu tudo o que ele podia sobre o Imam Mahdi, e no processo, se tornou um fundamentalista Mulçumano. Desde então, ele escreveu um livro sobre a vinda ao mundo do Imam Mahdi.

Você pode apresentar esta informação na forma dos Cristãos, dos Mulçumanos, dos Budistas. O Buda Maitreya é aguardado por todos os Budistas. Budistas Japoneses pensam que isso ainda levará cerca de 5 bilhões e 670 milhões de anos, então não há pressa. Isto pode ser apresentado como sendo sobre Krishna ou o Avatar Kalki, ou como o Messias Judeu. Todos eles se referem a Maitreya, sendo isso conhecido ou não.

Eu a apresento da forma Hierárquica, que eu acredito ser a mais informada, a mais verdadeira, a mais profunda, a menos distorcida. Todas as formas religiosas estão distorcidas até algum grau. Levou centenas de milhares de anos para elas descerem até nós, e todas elas se distorceram. Cada escritura sagrada está distorcida até algum grau. Apenas no ensinamento esotérico, eu acredito, você recebe a verdadeira informação. Se você está em contato com um Mestre, isso é o melhor de tudo. Você não precisa de quaisquer livros ou outro ensinamento. Você pode falar diretamente, e isso é o melhor. Mas isto é raro; é realmente bem raro.

P. Há uma tendência nas pessoas em deliberadamente machucarem outros seres vivos, atormentando e torturando outros seres humanos e animais, e em ter "satisfação" disto. Isto sai de um sofrimento sem esperança saindo da imperfeição, incompletude e separatividade? Parece que isso não é visto em animais. (Janeiro/Fevereiro 2006)
R. Da imperfeição, separatividade e complacência. De um não entendimento da Lei de Causa e Efeito ou Karma, a Lei da Reencarnação e a Lei na Inofensividade. Há também, ao redor do mundo, um ódio contido e frustração passados de geração a geração, através do condicionamento, que surge nas pessoas e se manifesta na apavorante crueldade descrita.

P. (1) Eu ouvi dizer que pessoas em situação de quase morte estão sendo salvas por algum tipo de intervenção divina. Por que algumas pessoas recebem este milagre, e outras não? Parece que Deus está sendo injusto. (2) Maitreya gosta de nos chamar de "complacentes". Isto é um julgamento. Eu pensei que ele seria contra julgamentos. (Maio 2006)
R. (1) Isto é regulado pela Lei de Causa e Efeito, ou Karma. As pessoas são ajudadas ou curadas de acordo com sua condição kármica. Nossas ações nesta e em vidas anteriores—se foram destrutivas ou inonfesivas— determinam o que ocorre. (2) Eu não sei se Maitreya

"gosta" de nos chamar de complacentes. O fato é que nós no Ocidente somos complacentes em face a muita fome e sofrimento desnecessários no mundo. É um dos principais fatores em nossa habilidade em aceitar tal crueldade.

P. O que Maitreya trará que será diferente das verdades que já foram ditas para as gerações passadas? (Outubro 2008)
R. Seu amor, Sua sabedoria, Sua mente, Sua energia. Nunca houve um Avatar melhor equipado do que Maitreya é hoje.

P. Qual é a diferença entre verdadeira e falsa esperança? (Novembro 2009)
R. Verdadeira esperança emana da alma e é, portanto, uma qualidade espiritual. Ela preenche a pessoa com o desejo de procurar e visualizar uma aspiração por uma melhoria futura, e é, portanto, uma força motivadora para a própria evolução. É por isso que, para a humanidade, a esperança é um essencial aspecto da vida.

Falsa esperança, por outro lado, é a expressão de um desejo emocional por crença, ajuda e segurança. Ela é o resultado essencial do medo e, frequentemente, leva ao desapontamento.

P. O livre arbítrio é sacrossanto. No entanto, existem limites para o livre arbítrio? Como um exemplo, e se alguém estiver para se matar? A polícia seria chamada e ela seria parada. As pessoas seriam obrigadas a intervirem em tais circunstâncias, contanto que outras não sejam prejudicadas, ou as pessoas deveriam ter o direito de fazer o que quisessem, contanto que não machuquem as outras? (Julho/Agosto 2011)
R. O livre arbítrio da humanidade, visto do ponto de vista dos Mestres, é sacrossanto e Eles não o violam. Isto

limita o grau no qual os Mestres podem ajudar a humanidade. Esta é a Lei. A própria humanidade possui um livre arbítrio limitado, dependendo do nível de evolução da pessoa. Quanto mais evoluída, mais a vontade da pessoa irá agir dentro da Lei, e então, ela terá livre arbítrio; quanto menos desenvolvida é a pessoa, menos ela vive dentro da Lei de Causa e Efeito— karma—e portanto, possui menos controle sobre ela.

P. Eu tenho uma pergunta sobre "tensão espiritual", que é mencionada em alguns de seus livros: O que ela é exatamente? Como eu posso alcança-la? Você descreve "aumentar a tensão", mas eu não sei sobre o que se trata isso. (Dezembro 2011)
R. Tensão espiritual é o resultado, para alguns, de um foco e identificação com um ideal espiritual, ou, para outros, a prática dos preceitos de Maitreya— honestidade de mente, sinceridade de espírito e desapego. Focar a mente desta forma serve para "aumentar" a tensão.

P. Há algo que se possa chamar de uma "essência" natural masculina ou feminina, uma qualidade diferente que pode ser expressa ou experienciada por homens ou mulheres apenas (ou dominantemente), e que não são diferenças físicas-biológicas, nem são herdadas pela cultura? (Dezembro 2011)
R. Sim. Este é um reflexo da realidade espiritual de Deus Pai/Mãe.

A ESCOLHA DA HUMANIDADE

A ESCOLHA DA HUMANIDADE E A VELOCIDADE DA MUDANÇA

Este artigo é uma resposta editada que Benjamin Creme deu na Conferência de Meditação de Transmissão em São Francisco, EUA, em Agosto de 2001 (antes dos eventos de 11 de Setembro).

Todos no mundo têm a responsabilidade de manter a paz no mundo. Praticamente, nas tão chamadas democracias, as pessoas têm algum tipo poder—mesmo que seja apenas o de colocar seus votos em uma cédula, em um sistema que pode ou não ser justo e limpo—e elas têm a responsabilidade de usarem a sua voz para levarem a um resultado desta maneira. Elas, talvez, tenham mais responsabilidade do que os milhões que passam fome no mundo, os pobres, os famintos, aqueles que não têm nenhuma conexão com qualquer estrutura política, e que não têm os meios de fazerem suas necessidades serem ouvidas.

Não é necessário dizer, elas têm as maiores necessidades de todas, mas não possuem voz. É precisamente esta voz que Maitreya dará a elas. Ele dará voz as necessidades dos pobres, os famintos, os desabrigados, e aqueles que estão na prisão, ao redor do mundo. Centenas de milhares de pessoas estão na prisão, simplesmente pelo crime de terem um ponto de vista diferente daquele de seu presente governo. É visto como normal que eles sejam presos e definhem na prisão, muito frequentemente, sendo torturados. Eles não têm voz. Maitreya falará por eles e por todos aqueles que precisam de uma voz, mas que não a tem.

Aqueles que tem voz, educação, o sistema eleitoral, e um grau de democracia, têm uma responsabilidade especial. É a responsabilidade do povo Americano, por exemplo, mudar as visões do seu presidente, já que elas afetam o mundo todo. Se elas afetassem apenas os Americanos, a voz de vocês, provavelmente, seria tão importante quanto a nossa. Mas já que elas afetam o mundo como um todo, ele precisa ter uma pequena voz entre todas as outras vozes do mundo. Vocês precisam reduzir esta pequena voz, de forma que ela acomode as visões do resto do mundo.

Os EUA é rico (se ele conseguirá manter esta riqueza ou não, é algo que ainda precisa ser visto), militarmente poderoso, e a única superpotência hoje. Estes fatos subiram a cabeça do Presidente dos EUA [George W. Bush]. Ele se tornou histérico na forma na qual ele utiliza este poder. Ele quer estabelecer os Estados Unidos como não apenas seguro, mas impenetrável para qualquer tipo de pessoa. É impossível conseguir tornar qualquer país impenetrável, nem mesmo um país tão grande quanto os Estados Unidos, nem mesmo como a União Soviética costumava ser, que cobria um-sexto do mundo. Vocês viram o quão impenetrável ela era? Semelhantemente, nada permanece parado. Nada permanece o mesmo para sempre. Os Estados Unidos da América não são mais o produto final de um modelo hoje, do que a União Soviética foi o produto final do modelo estabelecido em 1917.

As coisas se modificam e mudam. Depende de vocês, as pessoas dos Estados Unidos, se certificarem que o Presidente de vocês mude suas visões. Ele, até agora, se recusou a assinar o Protocolo de Quioto. Ele não foi o único, mas foi quase o único entre as superpotências: outras 180 nações assinaram este acordo e insistirão na sua ratificação e implementação.

Quando Maitreya surgir, eu acredito que vocês perceberão que ocorrerão duas respostas: uma resposta de boas vindas, e uma resposta fundamentalista de todos os tipos, não apenas de Cristãos, que verão isto com grande preocupação. Alguns, uma minoria, acharão que ele é o Anticristo. E um número relativamente pequeno de pessoas, uma minoria de fundamentalistas Cristãos, acreditarão nelas. Os fundamentalistas Judeus estão esperando pelo Messias. Eles acharão muito difícil aceitar Maitreya como o Messias. Mas quando eles o fizerem, isto transformará todo o cenário no Oriente Médio.

Eu estou falando sobre os efeitos políticos disso, o ganho de união através da ação política. É sobre isso que a última parte do artigo do Mestre sobre "União" se trata: os perigos do mundo e a necessidade pela percepção de todas as pessoas, particularmente as pessoas educadas, articuladas e com autoridade do mundo, em tornar conhecido, em verem, e compreenderem a necessidade por unidade em uma escala internacional.

Transformação

Muitas pessoas imaginam que Maitreya aparecerá e começará a falar, e os Mestres, um por um, serão trazidos adiante e começarão a falar, e o mundo ouvirá a Eles e começará mudar. Não é simples assim. Tudo precisa ser feito pela humanidade. Isto significa que qualquer mudança precisa ter, não necessariamente 100 por cento de consenso, mas um grande grau de aprovação por parte da maioria das pessoas do mundo. De outra forma, a mudança não se manterá. Seria um infringimento do livre arbítrio se a humanidade tomasse decisões pelo conselho de Maitreya ou qualquer outro Mestre, que ainda não têm a aprovação da vasta maioria da humanidade.

Nós não mais utilizaremos uma simples maioria como em um partido político. Mas esta realidade, a realidade da tomada de decisão pela maioria, irá persistir, até certo grau, por um longo tempo, ajudada pelos conselhos dos Mestres, que ajudarão formá-la e transformá-la em consenso. Mas a não ser que haja um certo grau de consenso, nada acontecerá. Não ocorrerão mudanças. Nada imposto irá durar, a não ser que tenha a aprovação da maioria das pessoas.

Tudo que é mudado, está aberto a outra mudança. Tudo que você faz está aberto ao seu oposto. As pessoas refletirão: "Esta é a melhor forma de fazer isso, a final das contas?". E elas virão com algo novo. É um processo vivo, criativo. Não é apenas a mudança de um conjunto de estruturas por outro. É mudar o presente conjunto de valores por outro conjunto de valores. Esses valores não são vistos como sendo do mesmo nível, da mesma intensidade por toda as pessoas. Eles não são vividos pelas massas que podem achar que os têm.

A psique humana e seu corpo de crenças, expectativas e esperanças, é uma coisa muito complexa. Mas falando de forma geral, a humanidade será convidada a colocar em prática aquilo que, em qualquer momento, têm o maior consenso. Se são 90 por cento da humanidade que concordam com uma certa mudança, eu acho que isso seria o suficiente. Mas se forem apenas 50 por cento, ou mesmo uma maioria de 55 ou 60 por cento para qualquer mudança política ou econômica, não será feito. O conselho seria o de que isso ainda não está pronto para ser implementado, porque não duraria.

Existem forças poderosas no mundo que veem as coisas de forma diferente. Sempre foi assim, e este hábito de ver as coisas de uma forma em particular se tornou institucional. O habito, o condicionamento, é tão forte, os glamoures são tão profundos, que a humanidade como um todo demorará muito tempo e fará uma longa procura em seu coração para conseguir o consenso. Então, vocês não devem esperar por mudanças dramáticas no futuro imediato. As mudanças ocorrerão gradualmente, com o mínimo de perturbação, o mínimo de destruição ou conflito nas sociedades do mundo. Seja lá o que for aceitável, será implementado. Se não for aceitável, isto será segurada até que seja aceitável.Só será aceitável se confiança for criada.

Confiança

Esta confiança será criada pela mudança econômica. O ponto de começo para a resposta a todos os nossos problemas é a redistribuição econômica dos recursos do mundo. Esta é a chave para todas as futuras mudanças, porque ela cria confiança. Quando você cria confiança, tudo se torna possível. Então, você tem as mudanças no campo político, que tornam as mudanças no campo econômico mais fáceis. Estas mudanças fazem com que mudanças puramente práticas para se cuidar do planeta sejam mais fáceis. Então, não só os EUA, mas a Europa, Japão e algumas das mais poderosas nações industrializadas terão que ver com muita seriedade os planos para a implementação de acordos como o de Quioto, mas também, futuros acordos que serão criados e assinados por um grande número de nações.

Nesta situação, as Nações Unidas se tornarão o fator principal. Ela amadurecerá. Infelizmente, hoje, as Nações Unidas, como uma instituição, é profundamente mal vista pelos grupos de direita nos Estados Unidos. É algo muito bom que a sede das Nações Unidas seja em Nova York. Se ela fosse em Londres, Genebra, Darjeeling ou Tóquio, uma grande parte dos Estados Unidos não teria nenhuma relação com ela. Os EUA não arcariam com suas responsabilidades. Eles seriam um grande obstáculo a tudo que as Nações Unidas gostariam de fazer. E mesmo assim, o mundo em desenvolvimento tem uma grande dívida com as Nações Unidas. Ela é uma das principais educadoras do mundo. É uma das principais provedoras de acesso a saúde para milhões de pessoas que não têm outros meios para ter acesso a saúde. Sem as Nações Unidas, que é um triunfo da sociedade moderna, milhões de pessoas teriam ainda menos suas necessidades satisfeitas do que elas têm. Então, vocês devem dar as Nações Unidas toda a força e apoio de vocês.

Em um livro da Agni Yoga, introduzido por Helena Roerich, Maitreya disse: "Havia um tempo no qual 10 homens verdadeiros podiam salvar o mundo. Então, chegou um tempo no qual 10.000 não eram o suficiente. Eu chamarei por 1 bilhão". Existem 6 bilhões de pessoas em encarnação neste momento. Dois ou três anos atrás, eu perguntei ao meu Mestre: "Maitreya já conseguiu o seu bilhão?" Ele disse: "Um bilhão e meio". Isto aumentou desde então. São agora mais de 1.5 bilhões de pessoas [1.8 bilhões em 2006], prontas para responderem a Maitreya, prontas quando Ele vir adiante, nos oferecer seus talentos, sua boa vontade, para ajudar de cada forma possível.

Restauração do planeta

Maitreya criará grupos pioneiros que irão ao redor do mundo e implementarão e administrarão as mudanças, antes de tudo, nos campos econômico e político. Quando estas mudanças forem implementadas de alguma forma, a restauração da saúde do planeta será o próximo a ser feito. Como meu Mestre disse muitas vezes, e como Maitreya disse em Suas mensagens (ver Messages from Maitreya, the Christ), esta será a prioridade número um do mundo. Esta é a cama na qual nós nos deitamos. Este planeta Terra é a fonte de recursos do nosso ser, e mesmo assim, nós o estamos destruindo a cada dia que passa. O Mestre diz que a poluição é a causadora de morte número um no mundo hoje. O mundo está ficando deficiente de recursos. Nós estamos arruinando o tecido de nosso mundo de várias formas. Então, se tornará o trabalho número um do mundo para todas as pessoas—cada homem, mulher, e criança—salvar o planeta. Crianças são maravilhosas. Quando você coloca uma criança de sete a 15 anos de idade para salvar o planeta, elas se darão melhor do que qualquer outra pessoa, não em um alto nível científico, mas no nível imediato. Elas farão com que seus pais e mães criem uma economia sustentável, pois se não, nós não teremos nenhuma economia. Se ela não for sustentável, o mundo pode ter mais outros 15 anos de vida para nos dar, e então, ele entrará em deterioração de forma muito rápida.

Nós temos cerca de 15 a 20 anos [agora em 2012, são 10 a 15 anos] para restaurar a saúde do mundo, o que nós podemos fazer com as recomendações dos Mestres, certas ferramentas que os Mestres tornarão disponíveis, e com a ajuda dos Irmãos Espaciais para ajudar a limpar nosso planeta, principalmente o ar. O próprio ar que respiramos está muito poluído hoje, acima de tudo com radiação nuclear, que nós nem reconhecemos como um dos principais fatores poluentes. Ele é o mais perigoso poluente para o nosso sistema imunológico, e pode durar por milhares de anos. Nossos oceanos, rios, lagos e fontes, a própria Terra, também estão poluídas em um grau extremo e precisam ser limpas, e estão começando a ser limpas de uma forma constante, dentro dos limites kármicos, por nossos Irmãos Espaciais.

Atividades de ÓVNIs

Quando Maitreya Se tornar conhecido, Ele responderá perguntas sobre uma grande quantidade de assuntos. Um deles terá relação com o fenômeno ÓVNI. A intensa atividade de ÓVNIs é, principalmente, uma relacionada com a salvação da Terra, mas eles também estiveram preocupados por muitos anos em criar, o que eles chamam, de uma plataforma para o Instrutor do Mundo, uma plataforma de unificação, e uma plataforma energética. Eles estão criando uma rede energética ao redor do mundo. Os tão chamados círculos nas plantações são uma expressão exterior da rede de energia que eles estão criando. Eles estão replicando, no plano físico denso, a rede de energia magnética que cerca o planeta. Esta rede energética no plano físico será parte de um novo tipo de energia que será eventualmente introduzida no mundo. Então, os círculos nas plantações não apenas estão dizendo: "Nós estamos aqui". Nós certamente sabemos disso, mas eles também dizem: "Nós estamos aqui com um certo propósito."

Maitreya responderá perguntas sobre a realidade dos Irmãos Espaciais. Mas aqueles que esperam que frotas de espaçonaves desçam na Times Square ou no Circo Piccadilly, esperarão por um longo tempo. Como eu disse muitas vezes, eles são etéricos físicos, não denso físicos. O aspecto denso físico que eles têm quando nós os vemos, é temporário. Eles simplesmente abaixam sua taxa vibracional até que eles possam ser vistos, mas eles podem erguê-la novamente, até desaparecerem. Então, não esperem centenas de milhares de pousos simultâneos ocorrendo, com Maitreya introduzindo o chefe da frota Venusiana à frota Americana. Isso não ocorrerá desta forma.

UNIDADE

pelo Mestre —, através de Benjamin Creme

Sempre que os homens se unem em grandes grupos, eles adotam diferentes formas de verem a si mesmos e cuidam dos outros desta forma. Eles são animados, fortalecidos em seu desejo e gravitam para aqueles que apoiam suas visões. Isto parece natural, mas por que é assim?

Essencialmente, todos os homens procuram internamente a unidade, e acham o seu reflexo na conformidade de ideias e pensamento. Este instinto está por detrás da formação de partidos políticos e outros grupos. O consenso ideológico age como um imã e fortalece a potência do todo.

Grupos e partidos acabam quando a unidade interna é perturbada. Unidade é uma qualidade da alma e é essencial para a coesão do grupo. Muita ênfase sobre indivíduos e diferenças de personalidade tendem a enfraquecer os laços unificadores que mantêm o grupo unido.

Este princípio pode ser visto trabalhando em cada campo da atividade humana. O surgimento e queda de partidos, grupos e até mesmo nações, são condicionados por esta lei. Unidade é força, diz o homem, e assim é, pois ela é a natureza essencial do homem.

Unidade não é algo muito difícil de se atingir nos primeiros estágios da formação de um grupo; se o propósito da sua criação for magnético o suficiente, isto sozinho consegue manter o grupo unido. No entanto, o tempo traz diferenças e descontentamentos. Vozes fortes e variadas se erguem e tentam impor a sua vontade. Se o desejo por unidade for perdido, o grupo, imediatamente, está ameaçado.

O propósito subjacente a toda a vida é a criação de unidade, assim expressando a interconexão de todos os átomos. Para a maioria dos homens, o cosmos é uma coleção de corpos materiais separados, infinitamente grandes e distantes, obedecendo de forma inerte as leis mecânicas da matéria. Na verdade, o cosmos, o Próprio Espaço, é uma entidade viva, a Fonte de Nosso Ser, nossa Mãe e Pai. Como almas, nós sabemos que isso é verdade, e procuramos dar expressão a unidade fundamental de nossa natureza. Um grupo, portanto, quando perde esta unidade, está em perigo. Sem tal unidade, ele não funciona como um grupo, mas cegamente, sem propósito e coesão, uma coleção de diferentes atitudes e condicionamento.

Nós estamos entrando na Era do Grupo; Aquário e suas energias, podem apenas ser vivenciadas e experienciadas em formação grupal. A principal característica de Aquário também, é a Síntese. Seus raios unificadores irão se impor nas vidas de todos, até que, gradualmente, a alquimia superior alcance seu propósito beneficente e a raça dos homens seja Uma. Assim será. Assim os homens conhecerão a verdade de que a Unidade é força, a natureza essencial de nosso Ser, o propósito o qual todos os homens desejam e para qual todas as atividades dos homens procuram dar expressão.

Quando Maitreya, Ele Mesmo, emergir no futuro muito próximo, Ele delineará a necessidade por unidade em todas as nossas atividades. Ele mostrará o quão essencial é que nós descubramos uma identidade de propósito, como homens e nações, para resolver os problemas humanos, colocando, desta forma, nossas potentes individualidades a serviço do grupo.

(Share International, Julho/Agosto 2001)

A "MÃO" DE MAITREYA

Esta fotografia mostra a marca da mão do Próprio Maitreya, milagrosamente manifestada em um espelho de um banheiro em Barcelona, Espanha, em 2001. Não é uma simples marca de mão, mas uma imagem tri-dimensional com detalhe fotográfico.

Colocando sua mão sobre ela, ou simplesmente olhando para ela, a cura e ajuda de Maitreya podem ser invocadas (sujeitas a Lei Kármica). Até Maitreya emergir totalmente, e nós vermos Seu rosto, é o mais próximo que Ele pode vir a nós.

"Minha ajuda é de vocês para comandar,
vocês apenas precisam pedir."

— Maitreya, o Instrutor do Mundo
da Mensagem Nº 49

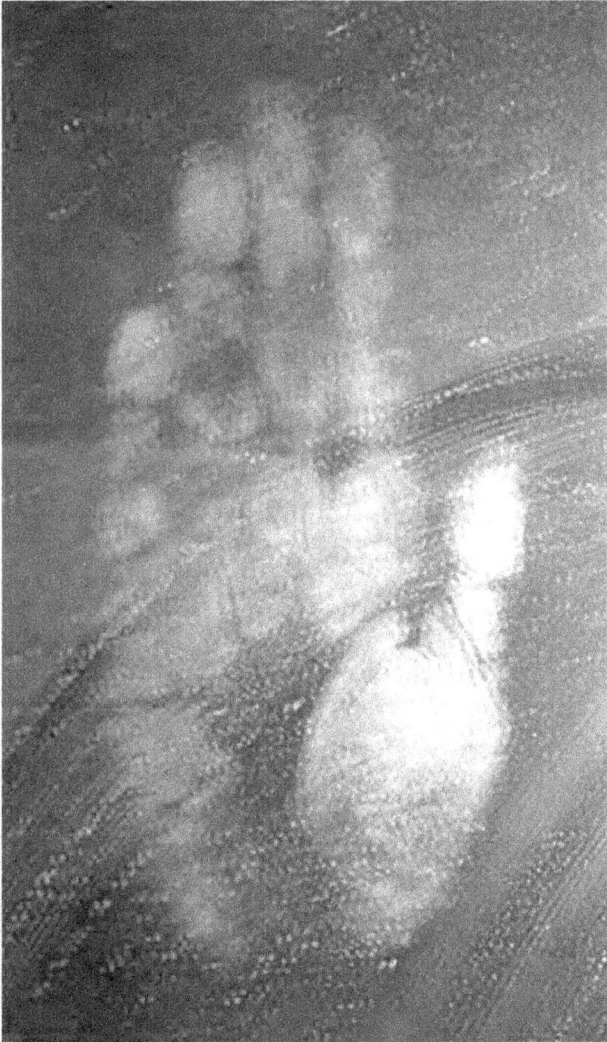

A GRANDE INVOCAÇÃO

Do ponto de Luz na Mente de Deus
Flua luz às mentes dos homens.
Que a Luz desça à Terra

Do ponto de Amor no Coração de Deus
Flua amor aos corações dos homens
Que o Cristo retorne à Terra

Do centro onde a Vontade de Deus é conhecida
Guie o propósito as pequenas vontades dos homens –
O Propósito que os Mestres conhecem e servem

Do centro que chamamos raça dos homens
Cumpra-se o Plano de Amor e Luz
E mure-se a porta onde mora o mal.

Que a Luz, o Amor e o Poder
Restabeleçam o Plano na Terra

A Grande Invocação, usada pelo Cristo pela primeira vez em Junho de 1945, foi liberada por Ele para a humanidade, afim de nos permitir invocar as energias que mudariam o nosso mundo e tornar possível o retorno do Cristo e da Hierarquia. Esta não é a forma utilizada pelo Cristo. Ele usa uma fórmula antiga, com sete frases místicas de tamanho, em uma antiga língua sacerdotal. Ela foi traduzida (pela Hierarquia) em termos que nós podemos usar e entender, e, traduzida para muitas línguas, ela é usada diariamente em cada país do mundo.

A ORAÇÃO PARA A NOVA ERA

Eu sou o Criador do Universo.
Eu sou o Pai e a Mãe do Universo
Tudo vem de Mim.
Tudo retornará à Mim.
Mente, Espírito e Corpo são Meus templos.
Para a Alma perceber neles
Meu Ser Supremo e Transformação.

A Oração para a Nova Era, dada por Maitreya, o Instrutor do Mundo, é um grande mantra ou afirmação com um efeito invocativo. Ela será uma ferramenta poderosa para reconhecermos que o homem e Deus são Um, que não há separação. O "Eu" é o Princípio Divino por trás de toda a criação. A Alma emana do, e é idêntica ao, Princípio Divino.

A maneira mais eficiente de usar este mantra é a de dizer ou pensar nas palavras com a vontade focada, mantendo a atenção no centro ajna entre as sobrancelhas. Quando a mente entende o significado dos conceitos, e simultaneamente a vontade é trazida à frente, estes conceitos serão ativados e o mantra funcionará. Se ela for dita de forma séria todos os dias, crescerá dentro de você uma percepção do seu verdadeiro Ser.
(Primeiro publicado na Share International, Setembro 1988.)

MEDITAÇÃO DE TRANSMISSÃO

Uma breve explicação

Um grupo de meditação, oferecendo tanto um serviço dinâmico ao mundo, e poderoso, pessoal desenvolvimento espiritual.

A Meditação de Transmissão é uma meditação grupal criada para melhor distribuir energias espirituais de seus Guardiões, os Mestres da Sabedoria, nossa Hierarquia Planetária. Ela é um meio de 'levar abaixo' (transformar) estas energias, de forma que elas se tornem acessíveis e úteis ao público geral. É a criação, em cooperação com a Hierarquia de Mestres, de um vórtice ou reservatório de energia mais elevada para o benefício da humanidade.

Em Março de 1974, sobre a direção de seu Mestre, Benjamin Creme formou o primeiro grupo de Meditação de Transmissão em Londres. Hoje, existem centenas de tais grupos ao redor do mundo, e novos grupos estão sendo criados a todo momento.

Os grupos de Meditação de Transmissão fornecem uma ligação pela qual a Hierarquia pode responder à necessidade mundial. O principal motivo deste trabalho é serviço, mas ele também é uma poderosa forma de crescimento pessoal. Muitas pessoas estão procurando por formas pelas quais possam melhorar o mundo; este desejo para servir pode ser forte, mas dificilmente, em nossas vidas ocupadas, fácil de se satisfazer. Nossa alma precisa de uma forma para servir, mas nós nem sempre respondemos ao seu chamado, e então, produzimos desequilíbrio e conflito dentro de nós mesmos. A Meditação de Transmissão oferece uma oportunidade única para servir de uma forma potente e totalmente científica com o mínimo de gasto de seu tempo e energia.

160

Benjamin Creme realiza workshops de Meditação de Transmissão ao redor do mundo. Durante a meditação, ele é ofuscado por Maitreya, o Instrutor do Mundo, que permite à Maitreya conferir uma grande nutrição espiritual aos participantes. Muitas pessoas são inspiradas a começarem a fazer a Meditação de Transmissão depois de irem a tais workshops, e muitas reconheceram terem recebido curas no processo.

[Por favor, remetam-se a Transmissão: Uma Meditação para a Nova Era de Benjamin Creme, Fundação Share International]

LIVROS POR BENJAMIN CREME

A Missão de Maitreya, Volume Um
O primeiro de uma trilogia de livros que descrevem a emergência e ensinamentos de Maitreya, o Instrutor do Mundo. Conforme a consciência humana constantemente amadurece, muitos dos antigos "mistérios" estão sendo agora revelados. Este volume pode ser visto como um guia para a humanidade, conforme ela viaja pela jornada evolucionária. Os assuntos do livro são vastos: dos novos ensinamentos do Cristo à meditação e karma; da vida após a morte, e reencarnação, a cura e transformação social; da iniciação e o papel do serviço aos Sete Raios; de Leonardo da Vinci e Mozart à Sathya Sai Baba. Ele prepara a cena e o caminho para o trabalho de Maitreya, como Instrutor do Mundo, e a criação de uma nova e melhor vida para todos. Ele é uma poderosa mensagem de esperança.

English: "Maitreya's Mission, Volume I", 1ª edição, 1986. 3ª edição 1993, reimpresso em 2003. ISBN 90-71484-08-4, 373 pp.

Portuguese: "A Missão de Maitreya, Volume Um", 1ª edição, 2017. ISBN 978-94-91732-05-8, 418 pp.

Unidade na Diversidade: O Caminho Adiante Para A Humanidade
Nós precisamos de uma nova, esperançosa visão do futuro. Este livro apresenta tal visão: um futuro que engloba um mundo em paz, harmonia e unidade, enquanto que cada qualidade e abordagem individual é bem-vinda e necessária. Ele é visionário, mas expresso com uma lógica convincente.

Unidade na Diversidade: O Caminho Adiante para a Humanidade diz respeito ao futuro de cada homem, mulher e criança. Ele é sobre o futuro da própria Terra. A humanidade, diz Creme, está em uma encruzilhada e tem uma grande decisão a tomar: seguir em frente e criar uma brilhante nova civilização na qual todos são livres e a justiça social reina, ou continuar como nós estamos, divididos e competindo, e vermos o fim da vida no planeta Terra.

Creme escreve em nome da Hierarquia Espiritual na Terra, cujo Plano para o aperfeiçoamento da humanidade, ele apresenta. Ele nossa essencial unidade, sem o sacrifício de nossa igualmente essencial diversidade.

Benjamin Creme, artista e autor, esteve dando palestras ao redor do mundo por quase 40 anos sobre a emergência ao mundo cotidiano de Maitreya, o Instrutor do Mundo, e Seu grupo, os Mestres da Sabedoria. Os livros de Creme, dezesseis presentemente, foram traduzidos para várias línguas, transformando as vidas de milhões.mostra que o caminho adiante para todos nós é a percepção de

English: "Unity in Diversity: The Way Ahead for Humanity", 1ª edição 2006. "ISBN 978-90-71484-98-8, 167 pp.

Portuguese: "Unidade na Diversidade: O Caminho Adiante Para A Humanidade", 1ª edição 2017. ISBN 978-94-91732-10-2, 188 pp.

Os ensinamentos da sabedoria eternal
"Sempre foi a política da Hierarquia Espiritual a de manter a humanidade informada sobre, e em contato com, todos os aspectos do conhecimento esotérico que podem ser seguramente divulgados e tornados exotéricos.

Por longos séculos isto tem sido possível, mas em um grau limitado. No último século, no entanto, mais informação foi dada, e mais conhecimento foi liberado, do que em qualquer outro momento da histórica da raça. Que isto é assim reflete a crescente compreensão do homem das leis internas mais sutis governando a aparência externa das coisas e eventos, e, ao mesmo tempo, sua sentida necessidade de exercer um papel totalmente consciente em sua própria evolução e desenvolvimento.

Estando, como estamos, no limiar de uma nova era, nós podemos esperar com confiança para uma liberação sem precedentes de ensinamentos anteriormente guardados que, quando absorvidos e compreendidos, lançarão uma luz maior nos mistérios do universo e da natureza do Ser do homem..." (pelo Mestre —, através de Benjamin Creme)

Este livro apresenta uma introdução a este grande corpo de sabedoria que está por detrás dos ensinamentos espirituais de todos os grupos, através das eras. Apenas descobrindo a fonte comum da qual todas as fés emergiram, os homens e mulheres verdadeiramente compreenderão sua fraternidade espiritual, como crianças do Único Pai—seja lá por qual nome eles O chamem.

English: "The Ageless Wisdom Teaching", 1ª edição 1996. "ISBN 90-71484-13-0, 167 pp.

Portuguese: "Os ensinamentos da sabedoria eternal", 1ª edição 2017. ISBN 978-94-91732-07-2, 86 pp.

O despertar da humanidade

O Despertar da Humanidade é um volume associado ao O Instrutor do Mundo para Toda a Humanidade, de Benjamin Creme, publicado em 2007, que enfatiza a natureza de Maitreya como o Instrutor do Mundo, a Encarnação do Amor e da Sabedoria.

O Despertar da Humanidade foca no dia quando Maitreya Se declarará abertamente como o Instrutor do Mundo para a era de Aquário. Ele descreve o processo de emergência de Maitreya, os passos levando ao Dia da Declaração, e a resposta da humanidade a esta grandiosa experiência. Quanto ao Dia da Declaração, o Mestre de Benjamin Creme diz: "Nunca antes os homens terão ouvido o chamado de sua divindade, o desafio de suas presenças aqui na Terra. Cada um, individualmente, e solenemente sozinho, saberá por este período de tempo, o proposito e significado de suas vidas, experienciarão novamente a graça da infância, a pureza da aspiração purificada do ser. Por estes preciosos minutos, os homens saberão novamente a alegria da total participação nas realidades da Vida, se sentirão conectados um ao outro, como a memória de um passado distante."

Este livro profético dá ao leitor esperança e expectativa para os alegres e transformadores eventos que estão a caminho.

English: "The Awakening of Humanity", 1ª edição 2008. "ISBN 13: 978-90-71484-41-4, 167 pp.

Portuguese: "O despertar da humanidade", 1ª edição 2017. ISBN 978-94-91732-09-6, 158 pp.

O instrutor do mundo para toda a humanidade
Maitreya, o Instrutor do Mundo, está pronto para emergir publicamente. Este livro apresenta uma visão geral deste grandioso evento: o retorno ao mundo cotidiano de Maitreya em Julho de 1977, e a gradual emergência do Seu grupo, os Mestres da Sabedoria; as enormes mudanças que a presença de Maitreya trouxe; e Seus planos, prioridades e recomendações para o futuro imediato. Maitreya é mostrado tanto como um Grande

Avatar Espiritual e, ao mesmo tempo, um amigo e irmão da humanidade.

O conselho de Maitreya levará a humanidade a uma simples escolha. Ou continuar em nosso presente destrutivo modo de vida e perecer, ou aceitar de bom grado Seu conselho para inaugurar um sistema de partilha, garantindo a justiça, paz e a criação de uma civilização baseada na divindade interna de todos.

English: "The World Teacher For All Humanity", 1ª edição 2008. "ISBN 978-90-71484-39-1, 167 pp.

Portuguese: "O instrutor do mundo para toda a humanidade", 1ª edição 2017. ISBN 978-94-91732-08-9, 146 pp.

Transmissco: uma meditago para a nova era
A Meditação de Transmissão é uma forma de meditação grupal para o propósito de "levar abaixo" (transformar) energias espirituais que assim se tornam acessíveis e úteis ao público geral. É a criação, em cooperação com a Hierarquia dos Mestres, de um vórtice ou reservatório de elevada energia para o benefício da humanidade.

Introduzida em 1974 por Benjamin Creme sobre a direção de seu Mestre, esta forma de serviço, que é simples de se fazer, é ao mesmo tempo uma maneira poderosa de crescimento pessoal. A meditação é a combinação de duas yogas: Karma Yoga (yoga do serviço) e Laya Yoga (yoga da energia ou centros). Ela é um serviço no qual nós podemos estar envolvidos pelo resto de nossas vidas sabendo que estamos ajudando na evolução da humanidade para, e além, da Nova Era. Existem centenas de grupos de Meditação de Transmissão ativos em muitos países ao redor do mundo.

Neste prático e inspirador livro, Benjamin Creme descreve os objetivos, técnica e resultados da Meditação de Transmissão, assim como propósito por trás da meditação para o desenvolvimento do discípulo.

English: "Transmission: A Meditation for the New", 1ª edição 1983. 4ª edição 1998. ISBN 90-71484-17-3, 204 pp.

Portuguese: "Transmissco: uma meditago para a nova era", 1ª edição 2017. ISBN 978-94-91732-06-5, 262 pp.

The Reappearance of the Christ and the Masters of Wisdom
Em seu primeiro livro, Benjamin Creme dá o plano de fundo e informação pertinente ao que diz respeito a emergência de Maitreya (o Cristo), como o Instrutor do Mundo, para a Nova Era agora nascendo. Esperado sobre diferentes nomes por todos os grupos religiosos, Maitreya vem para nos ajudar a criar cooperação entre as muitas facções ideológicas, galvanizar a boa vontade e partilha do mundo, e inspirar profundas reformas políticas, sociais, econômicas e ambientais. Benjamin Creme coloca o mais profundo evento dos últimos 2.000 anos em seu correto contexto esotérico, e descreve que efeito a presença do Instrutor do Mundo terá tanto nas instituições do mundo e na pessoa comum. Através de seu contato telepático com um Mestre da Sabedoria, Creme oferece revelações sobre tais assuntos como a alma e reencarnação; medo da morte; telepatia; meditação; energia nuclear; antigas civilizações; ÓVNIs; problemas do mundo em desenvolvimento; uma nova ordem econômica; o Anticristo; e o "julgamento final".

English: 1ª edição 1979, ISBN 0-936604-00-X, 254 pp.

Messages from Maitreya the Christ

Durante anos de preparação para Sua emergência, Maitreya deu 140 Mensagens através de Benjamin Creme durante palestras públicas em Londres de 1977 a 1982. O método usado foi ofuscamento mental e um contato telepático conseqüentemente desenvolvido. As mensagens de Maitreya sobre partilha, cooperação e unidade inspiram leitores a espalharem as notícias do Seu reaparecimento e em trabalhar urgentemente para o resgate de milhões sofrendo de pobreza e fome em um mundo de plenitude. Na Mensagem Nº 11, Maitreya diz: "Meu Plano é o de mostrar à vocês que o caminho para fora de seus problemas é escutar novamente a verdadeira voz de Deus dentro de seus corações, partilhar os produtos deste mundo dos mais caridosos entre seus irmãos e irmãs em todos os lugares..." (5 de Janeiro de 1978)

As palavras de Maitreya são uma fonte única de sabedoria, esperança e socorro neste tempo crítico de mudança mundial, e quando lidas em voz alta, estas profundas, e mesmo assim simples Mensagens, invocam Sua energia e benção.

English: 1ª edição Vol I 1981, Vol II 1986, 2ª edição combinada 1992, reimpresso em 2001. ISBN 90-71484-22-X, 286 pp

A Master Speaks

A humanidade é guiada por trás das cenas por um altamente evoluído e iluminado grupo de homens Que nos precederam sobre o caminho da evolução. Estes Mestres da Sabedoria, como Eles são chamados, dificilmente aparecem abertamente, mas normalmente trabalham através de Seus discípulos--homens e mulheres que influenciam a sociedade através de seus trabalhos na ciência, educação, arte, religião, política, e em cada departamento da vida.

O artista Britânico Benjamin Creme, é um discípulo de um Mestre com o Qual ele está em contato telepático próximo. Desde o lançamento da Share International, a revista da qual Benjamin Creme é editor, seu Mestre contribuiu com cada edição com um artigo inspirador sobre uma ampla gama de assuntos: razão e intuição; a nova civilização; saúde e cura; a arte de viver; a necessidade por síntese; justiça é divina; o Filho do Homem; direitos humanos; a lei do renascimento; o fim da fome; partilha para a paz; a ascensão do poder das pessoas; o futuro mais brilhante; cooperação-- e muito mais.

O principal propósito destes artigos é o de atrair a atenção às necessidades do presente e imediato tempo futuro, e dar informação sobre os ensinamentos de Maitreya, o Mestre de todos os Mestres. A terceira edição contem todos os 223 artigos dos primeiros 22 volumes da Share International.

English: 1ª edição 1985. 3ª edição expandida 2004. ISBN 90-71484-29-7, 452 pp.

Maitreya's Mission, Volume Two
Este inspirador e acolhedor livro oferece nova esperança e orientação à um mundo em sofrimento no limiar de uma Era Dourada. Ele apresenta os ensinamentos de Maitreya, o Instrutor do Mundo, tanto no nível exterior, prático, e nos níveis internos, espirituais; Suas unicamente precisas previsões de eventos mundiais, que surpreenderam a mídia internacional; e Suas milagrosas aparições que trouxeram esperança e inspiração para muitos milhares. Ele também contém uma série de entrevistas únicas com o Mestre de Benjamin Creme, que lança nova e reveladora luz sobre alguns dos maiores problemas que a humanidade encara.

Este livro cobre uma enorme gama de assuntos: os ensinamentos de Maitreya; o crescimento da consciência; novas formas de governo; comercialização e forças de mercado; o princípio da partilha; vida na Nova Era; escolas sem muros; a Tecnologia da Luz; círculos nas plantações; o Ser; telepatia; doença e morte; energia e pensamento; Meditação de Transmissão; o propósito da alma. Também inclui transcrições de inspiradoras palestras de Benjamin Creme sobre "A Superação do Medo" e "O Chamado do Serviço."

English: 1ª edição 1993, reimpresso em 2004.
ISBN 90-71484-11-4, 753 pp.

Os Ensinamentos da Sabedoria Eterna
Uma visão geral do legado espiritual da humanidade, esta brochura serve como uma introdução concisa e fácil de se entender aos Ensinamentos da Sabedoria Eterna. Ela explica os preceitos básicos do esoterismo, incluindo: fonte de Ensinamento; a emergência do Instrutor do Mundo; renascimento e reencarnação; a Lei de Causa e Efeito; o Plano de evolução; origem do homem; meditação e serviço; mudanças futuras. Também inclui um glossário esotérico e uma lista de leitura recomendada.

English: 1ª edição 1996, reimpresso em 2006.
ISBN 978-90-71484-13-1, 76 pp.

Maitreya's Mission, Volume Three
Benjamin Creme apresenta uma incentivadora visão do futuro. Com Maitreya, o Instrutor do Mundo, e Seus discípulos, os Mestres da Sabedoria abertamente oferecendo Suas orientações, a humanidade criará uma civilização digna de seu potencial divino. Paz será estabelecida; partilha dos recursos do mundo a norma; manter o nosso meio ambiente uma prioridade. A nova educação irá ensinar o fato da alma e a evolução da

consciência. As cidades do mundo serão transformadas em centros de grande beleza.

Este livro oferece sabedoria inestimável sobre uma ampla gama de tópicos. Ele inclui as prioridades de Maitreya para o futuro, e entrevistas com um Mestre da Sabedoria sobre "O Desafio do Século 21". Ele explora o karma e a reencarnação, a origem da humanidade, meditação e serviço, o Plano de evolução, e outros conceitos fundamentais dos Ensinamentos da Sabedoria Eterna. Ele inclui um olhar fascinante de um ponto de vista esotérico, da perspectiva espiritual, de dez artistas famosos—entre eles, da Vinci, Michelangelo e Rembrandt—por Benjamin Creme, ele mesmo um artista.

Como os dois primeiros volumes de Maitreya's Mission, este trabalho combina profundas verdades espirituais com soluções práticas aos problemas mais incômodos de hoje. Ele é na verdade uma mensagem de esperança para a humanidade, pronta para "começar a criação de uma civilização como o mundo nunca viu antes."

English: 1ª edição 1997. ISBN 90-71484-15-7, 704 pp.

The Great Approach: New Light and Life for Humanity
Este livro profético se encaminha aos problemas de nosso mundo caótico e a sua gradual mudança sobre a influência de um grupo de homens perfeitos, os Mestres da Sabedoria, Que, com Seu líder Maitreya, o Instrutor do Mundo, estão retornando abertamente ao mundo pela primeira vez em 98.000 anos.

O livro cobre tópicos como: partilha, os EUA em um dilema; conflitos étnicos; crime e violência; meio ambiente e poluição; engenharia genética; ciência e religião; a natureza da luz; saúde e cura; educação;

milagres; a alma e encarnação. Uma síntese extraordinária de conhecimento, ele lança um farol sobre o futuro; com visão clara ele prevê nossas mais elevadas realizações do pensamento, afim de revelar as incríveis descobertas científicas que estão adiante. Ele nos mostra um mundo no qual a guerra é uma coisa do passado, e as necessidades de todos são satisfeitas.

English: 1ª edição 2001. ISBN 90-71484-23-8, 320 pp.

The Art of Co-operation
The Art of Co-operation lida com os problemas mais urgentes de nosso tempo, e suas soluções, do ponto de vista dos Ensinamentos da Sabedoria Eterna que, por milênios, revelaram as forças subjacentes ao mundo exterior. Benjamin Creme traz estes ensinamentos à atualidade, preparando o caminho para a eminente emergência de Maitreya, o Instrutor do Mundo, e Seu grupo de Mestres da Sabedoria.

Este volume olha para um mundo preso em antiga competição, tentando resolver seus problemas por métodos antigos e ultrapassados, enquanto que a resposta—cooperação—está em nossas mãos. Ele mostra o caminho para um mundo de justiça, liberdade e paz através de uma crescente apreciação da unidade subjacente à toda vida. Maitreya irá nos inspirar à esta crescente percepção.

Tópicos incluem: a necessidade por cooperação; os EUA e a competição; organismo contra organização; oportunidade para serviço; medo da perda; karma; amor; coragem e desapego; superação do glamour; como os Mestres ensinam; unidade na diversidade; consenso; confiança.

English: 1ª edição 2002. ISBN 90-71484-26-2, 235 pp.

Maitreya's Teachings: The Laws of Life

Nós não temos nem fragmentos dos ensinamentos dos anteriores Instrutores do Mundo dados anteriormente a um certo conhecimento de Suas existências. Nós não temos os ensinamentos de um Cristo, ou um Buda, ou um Krisnha, com exceção daqueles vistos através dos olhos de seguidores posteriores. Pela primeira vez é nos dado o sabor dos ensinamentos e revelações de um Ser de incomensurável estatura, afim de nos permitir compreender o caminho da evolução se desenrolando a nossa frente que Ele veio delinear para nós. A impressão deixada em mente pelo Instrutor é a de que a amplitude, a profundidade de Seu conhecimento e consciência não têm limites; que Ele é tolerante e sábio além da imaginação, e de uma humildade impressionante.

Poucos poderiam ler estas páginas sem se transformarem. Para alguns, as revelações extraordinárias sobre os eventos mundiais serão de maior interesse, enquanto que para outros, a revelação dos segredos da auto-realização, a simples descrição da verdade experienciada, será uma revelação. Para qualquer um procurando entender as Leis da Vida, estas revelações sutis e férteis irão levá-los rapidamente ao núcleo da própria Vida, e oferecer à eles um caminho simples levando ao alto da montanha. A unidade essencial de toda a vida é descoberta de uma maneira clara e cheia de sentido. Nunca, pareceria, as Leis pelas quais nós vivemos pareceram tão naturais e tão sem limites.

English: 1ª edição, 2005. ISBN 900-17484-31-9, 253 pp.

The Art of Living: Living Within de Laws of Life

Inspirado nos escritos de dois Mestres da Sabedoria, o Mestre Djwhal Khul e particularmente o próprio Mestre

173

de Benjamin Creme, a Parte Um deste livro considera a experiência de viver como uma forma de arte, como pintura ou música. Para se alcançar um alto nível de expressão, são necessários tanto conhecimento e uma adesão à certos princípios fundamentais. Na arte da vida, é através da compreensão da grande Lei de Causa e Efeito, e da relacionada Lei do Renascimento, que nós alcançamos a calma, a inofensividade que leva à felicidade pessoal, corretas relações humanas e o correto caminho para toda a humanidade em sua jornada evolucionária.

Partes Dois e Três, "Os Pares de Opostos" e "Ilusão", propõem que é a posição única do homem no esquema evolucionário—o ponto de encontro do espírito e da matéria—que produz sua aparente luta sem fim, tanto dentro de si mesmo, como na vida exterior. Os meios pelos quais ele emerge da névoa da ilusão, e une esses dois aspectos de si mesmo em um Todo perfeito, é viver a própria vida com crescente desapego e auto-consciência objetiva.

English: 1ª edição 2006. ISBN 978-90-71484-37-7, 251 pp.

~~~~~

Os livros acima foram publicados pela Fundação Share International (Amsterdã, Londres). A maioria deles foram traduzidos e publicados em Holandês, Francês, Alemão, Japonês e Espanhol por grupos respondendo à esta mensagem. Alguns também foram publicados em Chinês, Croata, Finlandês, Grego, Hebraico, Italiano, Português, Romeno, Russo, Esloveno e Sueco. Mais traduções estão planejadas. Livros, assim como fitas de áudio e vídeo, estão disponíveis em livrarias locais.

SHARE INTERNATIONAL

ISNN 0169-1341

Uma revista única, contendo todo mês: informação atualizada sobre a emergência de Maitreya, o Instrutor do Mundo; um artigo de um Mestre da Sabedoria; expansões dos ensinamentos esotéricos; respostas de Benjamin Creme quanto a uma ampla variedade de tópicos e perguntas esotéricas; artigos por e entrevistas com pessoas na frente de mudanças mundiais progressivas; notícias de agências da ONU e relatórios de desenvolvimentos positivos na transformação de nosso mundo.

A Share International une as duas maiores direções do pensamento da Nova Era-- a política e a espiritual. Ela mostra a síntese subjacente as mudanças políticas, sociais, econômicas e espirituais agora ocorrendo em uma escala global, e procura estimular ação prática para reconstruir nosso mundo sobre linhas mais justas e compassivas.

A Share International cobre notícias, eventos e comentários relacionados às prioridades de Maitreya: um adequado suprimento de alimento correto, casa e abrigo para todos, saúde e educação como direitos universais, e a manutenção do equilíbrio ecológico no mundo. ISSN 0169-1341

Versões da Share International estão disponíveis em Holandês, Francês, Alemão, Japonês, Romeno, Esloveno e Espanhol. Para informação sobre assinatura, contate o escritório apropriado abaixo.

Para as Américas do Norte, Central e do Sul, Austrália,Nova Zelândia e as Filipinas
Share International USA
Caixa Postal 971, North Hollywood, CA 91603, EUA

Para o Reino Unido
Share International
Caixa Postal, 3677, Londres, NW5 1RU, Reino Unido

Para o resto do mundo
Share International
Caixa Postal, 41877, 1009 DB Amsterdã, Holanda

Extensiva informação e extratos da revista são publicados online em: www.share-international.org e www.share-internationa.org/portuguese

SOBRE O AUTOR

O pintor e esoterista escocês Benjamin Creme esteve por mais de 40 anos preparando o mundo para o mais extraordinário evento na história da humanidade – o retorno de nossos mentores espirituais ao mundo cotidiano.

Benjamin Creme apareceu na televisão, rádio e filmes de documentários ao redor do mundo, e deu palestras na Europa Ocidental e Oriental, os EUA, Japão, Austrália, Nova Zelândia, Canadá, e México.

Treinado e supervisionado por muitos anos pelo seu próprio Mestre, ele começou seu trabalho público em 1974. Em 1982, ele anunciou que o Senhor Maitreya, o há muito aguardado Instrutor do Mundo, estava vivendo em Londres, pronto para Se apresentar abertamente quando convidado pela mídia mundial a fazê-lo. Este evento é agora eminente.

Benjamin Creme continuou a levar adiante sua tarefa como mensageiro desta notícia inspiradora. Seus livros, dezesseis no presente, foram traduzidos para muitas línguas. Ele também foi o editor da revista Share International, que circula em mais de 70 países. Ele nunca aceitou dinheiro por este tipo de trabalho.

Benjamin Creme viveu em Londres, foi casado, e teve três filhos, tendo falecido em 24 de Outubro de 2016.

www.ingramcontent.com/pod-product-compliance
Lightning Source LLC
Chambersburg PA
CBHW060241050426
42448CB00009B/1546